はじめに

漢字能力は日常生活を送る上で、欠くことのできない基本的な能力であり、パソコンが普及した現在においても、正しい知識がなければ適切な文章表現は難しいといえます。一朝一夕（わずかの期間）に身につくものではありませんが、書籍、新聞、雑誌を、漢字を意識して読むなど日ごろの努力の積み重ねが必要なことはいうまでもありません。

本書は、最近しだいに会社や学校で重要な資格とみなされるようになってきた「**漢字能力検定**」に合格できる実力を養うことに重点をおいて作成しています。また、**改定された常用漢字表**に対応しています。

特色と使い方

本書は「**練習編**」、「**実戦編**」、「**資料編**」の三部構成になっています。

「**練習編**」では読み書き[illegible]式別に効率的に練習。各問題は見開き二ページ、解答は書[illegible]ています。チェックらんを利用して、くり返し練習する[illegible]ツです。問題文中で＊のついた語句は「**ワンポイント**[illegible]**力がつく**」では漢字の知識や学習のこころがけなどが[illegible]がはかれます。

「**実戦編**」は検定と同じ[illegible]テストで、検定前に、漢字能力の点検や弱点チェックを[illegible]ます。

「**資料編**」では漢字の[illegible]ます。

また、「**解答編**」は答え[illegible]すい別冊とし、まちがえやすいところは「×」で親切に示し、「**チェックしよう**」は重要な語句や漢字知識の解説で、はば広い漢字力の養成に役立つ工夫をしています。

目次

漢字検定5級トレーニングノート

1〜3 漢字の読み（音読み）①〜③ …… 2
4・5 漢字の読み（訓読み）①・② …… 8
6 漢字の読み（特別な読み方） …… 12
7・8 漢字の読み（音と訓）①・② …… 14
9・10 書き取り（音読み）①・② …… 18
11 書き取り（訓読み） …… 22
12・13 書き取り（同じ読みの漢字）①・② …… 24
14・15 四字熟語①・② …… 28
16 対義語 …… 32
17 類義語 …… 34
18 対義語・類義語 …… 36
19 熟語の組み立て …… 38
20 熟語を作る …… 40
21・22 部首①・② …… 42
23・24 筆順・総画数①・② …… 46
25・26 漢字と送りがな①・② …… 50
実戦模擬テスト ⑴〜⑸ …… 54
資料1 部首をまちがえやすい漢字 …… 74
資料2 知っておきたい対義語・類義語 …… 75
資料3 同じ読みの熟語・漢字 …… 76
解答編 …… 別冊

1 漢字の読み（音読み）①

――読む力が漢字能力の基本

よく出る

合　格
(50〜35)
もう一歩
(34〜26)
がんばれ
(25〜　)

得点

● 次の――線の漢字の読みをひらがなで書きなさい。

□ 1 沿道で祭りの行列を見物する。（　　）
□ 2 真空パックにして食品を保存する。（　　）
□ 3 国の経済が発展する。（　　）
□ 4 考え方が単純だと言われた。（　　）
□ 5 大きな声で詩を朗読する。（　　）
□ 6 よく話し合って誤解をとく。（　　）
□ 7 近ごろは便利さを求める風潮*が強い。（　　）
□ 8 世界の動きが映像で送られてくる。（　　）
□ 9 川の流域には水田が広がる。（　　）
□ 10 駅前の書店で本を五冊買った。（　　）
□ 11 道路を拡張する工事が始まる。（　　）
□ 12 けが人に適切な処置をする。（　　）
□ 13 歴史に残る仏像を拝観する。（　　）

□ 14 名曲を聴（き）いて情操を豊かにする。（　　）
□ 15 金・白金・銀などを貴金属という。（　　）
□ 16 新しい提案を委員会で検討する。（　　）
□ 17 オーケストラの演奏が始まった。（　　）
□ 18 白熱した試合を見て興奮した。（　　）
□ 19 広い視野*で物事を考える。（　　）
□ 20 辞書の巻末にある付録を利用する。（　　）
□ 21 道路の補修費を住民が負担した。（　　）
□ 22 海水を蒸発させて塩をつくる。（　　）
□ 23 材料の取捨選択（たく）が大切である。（　　）
□ 24 借用品を持ち主に返納する。（　　）
□ 25 昔から医は仁術*であると言われる。（　　）
□ 26 利己的な考え方はよくない。（　　）

□ 27 国会は法律を定める機関だ。（　　）
□ 28 大雨でくずれた岩石が除去された。（　　）
□ 29 障害物競走で一位になった。（　　）
□ 30 貨物船からもれた重油を回収*する。（　　）
□ 31 父の遺志*をついで学者になる。（　　）
□ 32 今年とれた穀物を倉庫に収める。（　　）
□ 33 都市の交通網(もう)は縦横に走っている。（　　）
□ 34 店内の改装のため休業する。（　　）
□ 35 皇居の周りをジョギングする。（　　）
□ 36 部屋を密閉すると空気が悪くなる。（　　）
□ 37 大都市では高層化が進んでいる。（　　）
□ 38 鉄棒でさか上がりをする。（　　）
□ 39 善行を積むことを目標とする。（　　）
□ 40 新聞の見出しは簡潔な表現だ。（　　）

□ 41 けがをした人の看護に当たる。（　　）
□ 42 円柱や三角柱の展開図をかいた。（　　）
□ 43 試合では実力が十分発揮できた。（　　）
□ 44 憲法は国の最高の法律だ。（　　）
□ 45 水泳の自由形で新記録を樹立した。（　　）
□ 46 横断歩道では歩行者を優先する。（　　）
□ 47 磁石を使って方位を調べる。（　　）
□ 48 体育の時間に肺活量を測定した。（　　）
□ 49 アメリカの農業は規模が大きい。（　　）
□ 50 姉は糖分をひかえ目にしている。（　　）

ワンポイント

7 風潮＝世の中のなりゆき。
例 社会の風潮。

19 視野＝①目に見える範囲(はんい)。②ものを見、考える範囲。
例 視野の広い人。

25 仁術＝情けある行い。

30 回収＝一度手もとをはなれたものを集めること。×改修（道路の改修）

31 遺志＝故人が生前もっていたこころざし。×意志

漢字力がつく

漢字は、もともとはものの形を絵で表現した「**象形文字**」です。象形文字をもとに漢字が作られたり、また**部首**になったりしています。

2 漢字の読み（音読み）②

——音読みは中国の読みをもとにした読み方

よく出る

合格	(50〜35)
もう一歩	(34〜26)
がんばれ	(25〜　)

得点

● 次の——線の漢字の読みをひらがなで書きなさい。

□ 1 宇宙からの映像が地球に届く。（　　）
□ 2 それは承知しています。（　　）
□ 3 背後から来る自動車に注意しよう。（　　）
□ 4 正倉院（しょうそういん）の秘宝が公開された。（　　）
□ 5 五月の誕生石はエメラルドだ。（　　）
□ 6 地球温暖化防止の会議が開かれる。（　　）
□ 7 十分に討議して賛否を決める。（　　）
□ 8 古都には有名な神社や仏閣が多い。（　　）
□ 9 出口で乗りこし運賃の精算をする。（　　）
□ 10 友達の静物画を批評し合う。（　　）
□ 11 水道水は大切な資源である。（　　）
□ 12 水不足は深刻な問題である。（　　）
□ 13 *著名な詩人の作品を読む。（　　）

□ 14 各国の首脳が平和について話す。（　　）
□ 15 気象庁では台風の観測をしている。（　　）
□ 16 昨晩からの雨で下水があふれた。（　　）
□ 17 芭蕉（ばしょう）の俳句が英訳されている。（　　）
□ 18 地下資源の探査を開始する。（　　）
□ 19 もとの絵を忠実に写す。（　　）
□ 20 観衆は約五千人と推定される。（　　）
□ 21 よく話し合ってから結論を出そう。（　　）
□ 22 好機に痛快な一打を浴びせた。（　　）
□ 23 世の中には様々な尺度*がある。（　　）
□ 24 この駅は乗降客が多い。（　　）
□ 25 この国は国際連合に加盟している。（　　）
□ 26 新しく女性の大統領が就任した。（　　）

□ 27 入試に備えて受験対策を行う。（　　）
□ 28 バスの運転系統を図で示す。（　　）
□ 29 乗り合わせた老人に座席をゆずる。（　　）
□ 30 分担して花壇（だん）の草取りをする。（　　）
□ 31 東西で呼応する形になった。（　　）
□ 32 戦国の武将が主人公の小説だ。（　　）
□ 33 外務大臣がアジアの諸国を訪ねる。（　　）
□ 34 集合時間を厳守しよう。（　　）
□ 35 国会で法案の骨子*が説明された。（　　）
□ 36 目の前に針葉樹林が広がる。（　　）
□ 37 父は文学を専門に研究している。（　　）
□ 38 街頭で署名運動が行われている。（　　）
□ 39 券売機の前に並ぶ。（　　）
□ 40 延長十一回で勝敗が決まった。（　　）

□ 41 諸国歴訪の旅に出発する。（　　）
□ 42 放送を通じて情報が提供される。（　　）
□ 43 校内に防犯カメラが装置された。（　　）
□ 44 完熟したトマトが市場に出る。（　　）
□ 45 幼児と野原で草花をつむ。（　　）
□ 46 今日は臨時に休業するそうだ。（　　）
□ 47 注文の品が郵送されてきた。（　　）
□ 48 出処*進退を明らかにする。（　　）
□ 49 球根には養分が貯蔵されている。（　　）
□ 50 親の小言には閉口している。（　　）

ワンポイント

13 著名＝有名、名が知られている様子。×著明
23 尺度＝ものをはかる基準。
35 骨子＝要点、中心。例 説明の骨子。

48 出処進退＝身のふり方。
例 出処進退を誤らない。
×出所（情報の出所）

漢字力がつく

漢字は中国から伝わった**表意文字**であり、一字一字が意味をもっています。**熟語の意味**は構成されているそれぞれの漢字の意味から考えましょう。

3 漢字の読み（音読み）③

――音読みは二字熟語が中心

よく出る

合格	もう一歩	がんばれ
(50〜35)	(34〜26)	(25〜　)

得点

●次の――線の漢字の読みをひらがなで書きなさい。

□ 1 祖母の作った俳句が入選した。（　　）
□ 2 政治の改革が進められる。（　　）
□ 3 胃弱の人が多い。（　　）
□ 4 班長の仕事を立派にやりとげた。（　　）
□ 5 トランプの枚数を数える。（　　）
□ 6 勉強する前にいつも紅茶を飲む。（　　）
□ 7 旅行雑誌を買いに行く。（　　）
□ 8 長老が政界を勇退*する。（　　）
□ 9 先生のはげましの言葉に感激した。（　　）
□ 10 ごちそうを食べて満腹になった。（　　）
□ 11 人権を尊重して明るい社会を作る。（　　）
□ 12 初日から劇場は満員だった。（　　）
□ 13 謝恩会に出席する。（　　）

□ 14 姉は洋裁の学校に通っている。（　　）
□ 15 女王陛下の演説を聞く。（　　）
□ 16 雑木林の中を散策する。（　　）
□ 17 祖父は毎晩銭湯に行く。（　　）
□ 18 お手並みを拝見したいものです。（　　）
□ 19 場内の観衆が総立ちになった。（　　）
□ 20 知識を積極的に吸収する。（　　）
□ 21 宿敵*と戦う。（　　）
□ 22 この薬はこぼすと危険だ。（　　）
□ 23 衆議院の解散は必至*の勢いだ。（　　）
□ 24 球技大会の開会を宣言する。（　　）
□ 25 ふろ上がりに牛乳を飲む。（　　）
□ 26 高波に備えて海岸の警備にあたる。（　　）

□ 27 私服で勤務する警官もいる。（　　）
□ 28 音がかべに反射してひびく。（　　）
□ 29 急な停電で場内が混乱した。（　　）
□ 30 力士が土俵に上がる。（　　）
□ 31 となりの家に回覧板を届ける。（　　）
□ 32 この辺りは養蚕業が盛んだ。（　　）
□ 33 神社に参拝し、家内安全をいのる。（　　）
□ 34 母は祖母を看病している。（　　）
□ 35 暗幕を張って映画を見る。（　　）
□ 36 どの政党を支持しますか。（　　）
□ 37 人間の頭脳はすぐれている。（　　）
□ 38 度胸をすえて仕事にかかる。（　　）
□ 39 ゴール寸前でトップの選手をぬく。（　　）
□ 40 友人の話に疑問をいだく。（　　）

□ 41 一回戦で優勝候補と対戦する。（　　）
□ 42 この大雪では車の通行は困難だ。（　　）
□ 43 鋼鉄は機械や建物に使われる。（　　）
□ 44 母の生まれ故郷へ行く。（　　）
□ 45 これを転機に引退を決意した。（　　）
□ 46 かおりのよい洗顔用石けんだ。（　　）
□ 47 大腸の検査を受ける。（　　）
□ 48 万一に備えて預金する。（　　）
□ 49 大統領に服従する。（　　）
□ 50 あの人はお金に無欲だ。（　　）

ワンポイント

8 勇退＝後進のために進んで職を辞すること。
21 宿敵＝ずっと前からの敵。
23 必至＝きっとそうなること。
×必死（必死に戦う）

漢字力がつく 漢字の大部分は意味を表す文字と、音を表す文字とを組み合わせてできた「**形声文字**」です。

4 漢字の読み（訓読み）①

——訓読みは日本語の意味を漢字にあてはめた読み方

合格
(50〜35)
もう一歩
(34〜26)
がんばれ
(25〜　)

得点

● 次の——線の漢字の読みをひらがなで書きなさい。

□ 1 伝説に残る古戦場を訪ねた。*（　　）
□ 2 強敵にいどむため、勇気を奮う。（　　）
□ 3 日本文化の源をさぐる。（　　）
□ 4 時計は休みなく時を刻む。（　　）
□ 5 絹の手ざわりを楽しむ。（　　）
□ 6 裁判官が罪を公平に裁く。（　　）
□ 7 辞書を片手に新聞を読む。（　　）
□ 8 約束をやぶった訳を話す。（　　）
□ 9 自転車の二人乗りは危ない。（　　）
□ 10 母が新しい口紅を買った。（　　）
□ 11 幼児は舌足らずだ。（　　）
□ 12 老人を敬い、運動会に招待する。（　　）
□ 13 今日は骨身にしみる寒さだ。（　　）
□ 14 池の水面に満月が映っている。*（　　）
□ 15 元日に山頂でご来光を拝む。（　　）
□ 16 空一面が灰色の雲におおわれる。（　　）
□ 17 見直して答えの誤りに気づく。（　　）
□ 18 日差しがいちだんと厳しい。（　　）
□ 19 大きな皿に料理を盛る。（　　）
□ 20 組体操で友達と背中合わせになる。（　　）
□ 21 引き返すなら今が潮時だ。（　　）
□ 22 選手の首筋にあせが光っている。（　　）
□ 23 春休みに勉強不足を補う。（　　）
□ 24 気が済むまで野球の練習をする。（　　）
□ 25 祖先の墓にキクの花を供える。*（　　）
□ 26 みんなと意見を異にする。（　　）

□ 27 野道を歩いて春の七草を探した。（　　）
□ 28 あかね色に染まった空をながめる。（　　）
□ 29 幼い子の笑顔がかわいらしい。（　　）
□ 30 静かな水面につり糸を垂れる。（　　）
□ 31 雪が積もったのか窓辺が明るい。（　　）
□ 32 青空にゆびで字を書く秋の暮れ（　　）
□ 33 入場券を求めて窓口に並ぶ。（　　）
□ 34 雨にぬれて上着が少し縮まった。（　　）
□ 35 今朝は一面にしもが降りていた。（　　）
□ 36 今日できることを明日に延ばすな。（　　）
□ 37 返事に困る質問をされた。（　　）
□ 38 森のおくに泉がわき出る。（　　）
□ 39 捨てる神あれば拾う神あり（　　）
□ 40 砂場で遊ぶ。（　　）

□ 41 よく晴れた日にふとんを干す。（　　）
□ 42 父の勤め*は深夜になるときもある。（　　）
□ 43 クラスの意見が二つに割れる。（　　）
□ 44 冷たい水で顔を洗う。（　　）
□ 45 山の紅葉に見とれ我を忘れる。（　　）
□ 46 湖を泳ぐ白鳥の姿に見とれた。（　　）
□ 47 道路に積もった雪を取り除く。（　　）
□ 48 たいした変化もなく今に至る。（　　）
□ 49 友達から年賀のメールが届いた。（　　）
□ 50 今は変化の激しい世の中だ。（　　）

ワンポイント

1 訪ねる（知人を訪ねる、史跡を訪ねる、明日お訪ねします）×尋ねる（道を尋ねる、尋ね人）
14 映る（鏡に姿が映る）×移る（席を移る）×写る（写真に写る）
25 供える（仏前に花を供える）×備える（台風に備える）
42 勤め（会社に勤める）×努め（完成に努める）×務め（親の務め）

漢字力がつく 訓読みには送りがなのつくもの（例 生きる・下る）と、つかないもの（例 生・下）があります。

5 漢字の読み（訓読み）②

――訓読みは一字の読みが多い

よく出る

合格
(50〜35)
もう一歩
(34〜26)
がんばれ
(25〜　)

得点

●次の――線の漢字の読みをひらがなで書きなさい。

□ 1 大きな切り株にすわって休む。（　）
□ 2 兄弟で背比べをする。（　）
□ 3 生徒を率いて合宿に行く。（　）
□ 4 大男が米俵を持ち上げる。（　）
□ 5 親からもらった尊い命だ。（　）
□ 6 木々の若葉がしげる。（　）
□ 7 社長が一線を退く。（　）
□ 8 今回の試験は並の成績だった。（　）
□ 9 今月分の月謝を納める。*（　）
□ 10 牧場で牛の乳しぼりを体験した。（　）
□ 11 合格の喜びに胸が高鳴った。（　）
□ 12 風で木の葉が乱れ飛ぶ。（　）
□ 13 かれのがんばりには舌を巻く。（　）

□ 14 きみの実力はみんなが認める。（　）
□ 15 画用紙の表と裏を確かめる。（　）
□ 16 赤組が小差で勝利を収めた。（　）
□ 17 仏の教えを説き聞かせる。*（　）
□ 18 山のきれいな空気を吸う。（　）
□ 19 山の頂にはまだ雪が残っている。（　）
□ 20 宝の持ちぐされ（　）
□ 21 医者に命を預ける。（　）
□ 22 ぼうしをぬいで額のあせをふく。（　）
□ 23 長い年月を経てできあがった。（　）
□ 24 ふとんに入って目を閉じる。（　）
□ 25 災害で大きな痛手を負う。（　）
□ 26 蚕のまゆから絹糸ができる。（　）

□ 27 名前を呼ばれて手を挙げる。（　　）
□ 28 朝食にゆで卵とサラダを食べる。（　　）
□ 29 机の上の花びんにバラを一輪さす。（　　）
□ 30 暖かくなり梅の花がさき始める。（　　）
□ 31 何をして腹をへらさんころもがえ（　　）
□ 32 祖父が今の会社を創った。（　　）
□ 33 大切な約束を忘れる。（　　）
□ 34 善い行いを心がける。（　　）
□ 35 厚手のシャツを着用する。（　　）
□ 36 話の大筋はつかめた。（　　）
□ 37 外出のとき革ぐつをみがいた。（　　）
□ 38 心の傷をゆっくりいやす。（　　）
□ 39 針金でおもちゃをつくる。（　　）
□ 40 夕立がきそうなので窓を閉*めた。（　　）

□ 41 王様の目は節穴だ。（　　）
□ 42 私事で申し訳ありません。（　　）
□ 43 売れゆきが悪いから値引きをする。（　　）
□ 44 科学者になろうと志を立てる。（　　）
□ 45 海岸に沿って美しい松林が続く。（　　）
□ 46 力ずくで相手を従える。（　　）
□ 47 上司に反論を試みる。（　　）
□ 48 まぶしい光が目を射*る。（　　）
□ 49 疑いの目で人を見てはいけない。（　　）
□ 50 小学生には難しすぎる問題だ。（　　）

ワンポイント

9 納める（税金を納める）×修める ×収める ×治める
17 説く（教えを説く）×解く（問題を解く）×溶く、溶ける
40 閉める（店を閉める）×占める ×締める
48 射る（矢を射る）×居る（家に居る）×入る（気に入る）×要る（金が要る）

漢字力がつく 同じ漢字でいろんな**読み方**をするものがあります。例 上（うえ・うわ・かみ・あげる・あがる・のぼる）

6 漢字の読み（特別な読み方）

——用法が限られているので確実に読めるようにする

合格	もう一歩	がんばれ
(50〜35)	(34〜26)	(25〜　)

得点

● 次の——線の漢字の読みをひらがなで書きなさい。

□ 1 食後に果物を食べる。（　　）
□ 2 わたしは字を書くのが下手だ。（　　）
□ 3 岩の間から清水がわき出てくる。（　　）
□ 4 電磁石を作って実験をする。（　　）
□ 5 文中に読点をつける。（　　）
□ 6 兄は今年から会社に勤めている。（　　）
□ 7 かれはもの知り博士だ。（　　）
□ 8 兄は今朝早く出かけた。（　　）
□ 9 日当たりのよい部屋に住む。（　　）
□ 10 毎月一日には神社にお参りに行く。（　　）
□ 11 今年の七夕は雨だった。（　　）
□ 12 お父さんは昭和の生まれです。（　　）
□ 13 ご兄弟はおられますか。（　　）

□ 14 木かげでひと休みする。（　　）
□ 15 夜空に天の川が美しく光る。（　　）
□ 16 かぜをひいて二日も寝（ね）てしまった。（　　）
□ 17 遊園地で迷子になった。（　　）
□ 18 三月二十日に家が完成した。（　　）
□ 19 昨日のことのように思います。（　　）
□ 20 祭りで酒盛りが始まった。（　　）
□ 21 早く大人になりたい。（　　）
□ 22 柱の時計が十二時を打つ。（　　）
□ 23 近くの八百屋で大根を買う。（　　）
□ 24 上手に紙を折る。（　　）
□ 25 買い物に友達を連れて行く。（　　）
□ 26 グラウンドで雪合戦をした。（　　）

□ 27 車窓からの景色が美しい。（　　）
□ 28 若い二人の将来を祝う。（　　）
□ 29 出張で家を留守にする。（　　）
□ 30 ドアに金具を取りつける。（　　）
□ 31 かれは風上にも置けない男だ。（　　）
□ 32 今日こそは試合に勝ちたい。（　　）
□ 33 父は眼鏡をかけている。（　　）
□ 34 すもうは上手投げで勝った。（　　）
□ 35 七月七日は星祭りです。（　　）
□ 36 海の色が真っ青だ。（　　）
□ 37 無神経な発言で場が白けた。（　　）
□ 38 アリが群がっている。（　　）
□ 39 四月八日は創立記念日です。（　　）
□ 40 お母さんのお供で出かける。（　　）

□ 41 再来年に新しい校舎が完成します。（　　）
□ 42 かれには二つ年上の姉さんがいる。（　　）
□ 43 明日九時にうかがいます。（　　）
□ 44 祖父の仕事を手伝っている。（　　）
□ 45 木々の葉が真っ赤に染まっている。（　　）
□ 46 お兄さんと山に登った。（　　）
□ 47 川原でバーベキューをする。（　　）
□ 48 新しい生活に向かって船出する。（　　）
□ 49 この秋は一人旅をしよう。（　　）
□ 50 天候が悪いので雨具を用意する。（　　）

ワンポイント

●中学校で学習する熟字訓（一部）

□あずき―小豆
□いくじ―意気地
□かぜ―風邪
□かわせ―為替
□さみだれ―五月雨
□しない―竹刀
□しらが―白髪
□つゆ―梅雨
□なごり―名残
□ひより―日和
□みやげ―土産
□もみじ―紅葉
□もより―最寄り
□ゆくえ―行方
□やまと―大和
□いなか―田舎
□えがお―笑顔
□おとめ―乙女
□しばふ―芝生
□ふぶき―吹雪
□もめん―木綿

漢字力がつく

特別な訓読みをする熟語を「**熟字訓**」、特定の熟語のときだけ特別な読み方をするものを「**当て字訓**」といいます。どちらも漢字の一つ一つの音と訓には関係なく、熟語全体につけられた特別な読み方です。

7 漢字の読み（音と訓）①

――上を音、下を訓で読むのは重箱（じゅうばこ）読み

合格	(88～62)
もう一歩	(61～45)
がんばれ	(44～)

得点

● 漢字の読みには音と訓があります。次の熟語の読みは□の中のどの組み合わせになっていますか。ア～エの記号で答えなさい。

ア 音と音　イ 音と訓
ウ 訓と訓　エ 訓と音

□ 1 歌詞（　）
□ 2 布製（　）
□ 3 野宿（　）
□ 4 絵巻（　）
□ 5 仏様（　）
□ 6 親潮（　）
□ 7 役割（　）
□ 8 宣言（　）

□ 9 残高（　）
□ 10 拡張（　）
□ 11 相棒（　）
□ 12 黒潮（　）
□ 13 政党（　）
□ 14 背骨（　）
□ 15 改革（　）
□ 16 派手（　）

□ 17 警笛（　）
□ 18 今晩（　）
□ 19 本屋（　）
□ 20 灰色（　）
□ 21 回覧（　）
□ 22 灰皿（　）
□ 23 雨具（　）
□ 24 通訳（　）
□ 25 裏庭（　）
□ 26 遺産（　）
□ 27 巻物（　）
□ 28 鉄道（　）

□ 29 身分（　）
□ 30 似顔（　）
□ 31 孝行（　）
□ 32 筋金（　）
□ 33 夕刊（　）
□ 34 同盟（　）
□ 35 口紅（　）
□ 36 黒帯（　）
□ 37 裏門（　）
□ 38 演奏（　）
□ 39 茶色（　）
□ 40 呼吸（　）

□ 41 筋道（　　）
□ 42 王手（　　）
□ 43 現実（　　）
□ 44 鼻歌（　　）
□ 45 味方（　　）
□ 46 樹木（　　）
□ 47 裏地（　　）
□ 48 初耳（　　）
□ 49 看護（　　）
□ 50 舌先（　　）
□ 51 沿線（　　）
□ 52 手配（　　）
□ 53 背中（　　）
□ 54 合図（　　）

□ 55 着物（　　）
□ 56 消印（　　）
□ 57 気配（　　）
□ 58 縦糸（　　）
□ 59 職場（　　）
□ 60 組曲（　　）
□ 61 若者（　　）
□ 62 雑木（　　）
□ 63 体操（　　）
□ 64 株主（　　）
□ 65 密集（　　）
□ 66 新型（　　）
□ 67 湯気（　　）
□ 68 探検（　　）

□ 69 台所（　　）
□ 70 借家（　　）
□ 71 毎朝（　　）
□ 72 関所（　　）
□ 73 番組（　　）
□ 74 官庁（　　）
□ 75 敵方（　　）
□ 76 略図（　　）
□ 77 株券（　　）
□ 78 絹地（　　）

□ 79 政権（　　）
□ 80 見本（　　）
□ 81 危険（　　）
□ 82 窓口（　　）
□ 83 仕事（　　）
□ 84 痛手（　　）
□ 85 批評（　　）
□ 86 片道（　　）
□ 87 筋力（　　）
□ 88 米俵（　　）

ワンポイント

●漢字の音読みのいろいろ

漢字は中国から日本に伝えられたものですが、伝来した時代により三種に区別できます。

①**呉音**（ごおん）は四世紀末から六世紀にかけて、主として僧侶（そうりょ）によって伝えられた。

②**漢音**は六世紀以降の隋（ずい）から唐（とう）代に、日本の遣唐使（けんとうし）や留学生・留学僧らによって伝えられ、現在ではいちばん多い。

③**唐音**（とうおん）は平安中期から江戸（えど）時代までに伝えられ、きわめて少ない。

漢字力がつく

熟語の読み方には、「上の字を音読みすれば下の字も音読みに、上の字を訓読みすれば下の字も訓読みする」という法則があります。（例外はあります。17ページ「**漢字力がつく**」参照）

8 漢字の読み（音と訓）②

——上を訓、下を音で読むのは湯桶（ゆとう）読み

● 漢字の読みには音と訓があります。次の熟語の読みは□の中のどの組み合わせになっていますか。ア～エの記号で答えなさい。

ア 音と音　イ 音と訓
ウ 訓と訓　エ 訓と音

1 針金（　）
2 試合（　）
3 金具（　）
4 生傷（　）
5 異動（　）
6 石段（　）
7 駅前（　）
8 朗読（　）

9 亡命（　）
10 冊数（　）
11 手帳（　）
12 札束（　）
13 腹巻（　）
14 対策（　）
15 若気（　）
16 星座（　）

17 節穴（　）
18 首筋（　）
19 客間（　）
20 演劇（　）
21 丸太（　）
22 割合（　）
23 切手（　）
24 新芽（　）
25 指図（　）
26 郷土（　）
27 係長（　）
28 裏作（　）

29 容姿（　）
30 場所（　）
31 天窓（　）
32 内訳（　）
33 並木（　）
34 肺臓（　）
35 十銭（　）
36 桜貝（　）
37 団子（　）
38 蒸気（　）
39 油絵（　）
40 洋間（　）

合格	もう一歩	がんばれ
(88～62)	(61～45)	(44～　)

得点

41 幕府
42 手製
43 楽屋
44 関取
45 規模
46 地元
47 貴重
48 値札
49 王様
50 店番
51 姿見
52 資源
53 道順
54 建具

55 推量
56 手形
57 役場
58 係員
59 誠意
60 子供
61 蒸発
62 宝船
63 宗教
64 場面
65 幕内
66 創作
67 子役
68 毎月

69 家路
70 樹海
71 番付
72 夕食
73 温泉
74 相手
75 格安
76 表門
77 聖火
78 砂場

79 障害
80 推理
81 生卵
82 翌日
83 簡素
84 値段
85 宝庫
86 絵姿
87 傷口
88 返済

ワンポイント

●日常用語における呉音と漢音

〈呉音〉		〈漢音〉	
会釈	えしゃく	会見	かいけん
人間	にんげん	人権	じんけん
代理	だいり	交代	こうたい
化身	けしん	進化	しんか
気配	けはい	気品	きひん
下校	げこう	地下	ちか
強引	ごういん	勉強	べんきょう
図工	ずこう	図書	としょ
本家	ほんけ	作家	さっか
無言	むごん	発言	はつげん
外科	げか	外国	がいこく
頭痛	ずつう	頭髪	とうはつ

漢字力がつく

熟語の読みには、音読みと訓読みが混用されるものもあります。具体的には、「**重箱読み・湯桶読み**」や、「**熟字訓・当て字訓**」といった慣用的な読みのことです。

9 書き取り（音読み）①

——文字を正しく書く習慣をつける

よく出る

合格
(50〜35)
もう一歩
(34〜26)
がんばれ
(25〜　)

得点

● 次の——線のカタカナを漢字になおしなさい。

□ 1 始業のチャイムでザセキに着く。（　）
□ 2 自分の意見をカンケツに述べる。*（　）
□ 3 冷暗所にワインをチョゾウする。（　）
□ 4 姉はコウフンすると早口になる。（　）
□ 5 試合のハイインを調べて次に生かす。（　）
□ 6 メイロウな性格は人に好かれる。（　）
□ 7 楽団を招いてエンソウをきいた。（　）
□ 8 必要に応じてホソク説明をする。（　）
□ 9 ヒミツの情報が知れわたる。（　）
□ 10 みんなの作品をヒヒョウし合う。（　）
□ 11 広告のカンバンが目をひく。（　）
□ 12 兄は音楽会で合唱のシキをとる。（　）
□ 13 激しい運動でコキュウが乱れる。（　）

□ 14 正しいシセイで勉強する。（　）
□ 15 入学記念にショクジュする。（　）
□ 16 友のチュウコクに耳をかたむける。*（　）
□ 17 テンサイは忘れたころにくる。（　）
□ 18 重要問題を適切にショリする。（　）
□ 19 ウチュウを旅行する夢を見た。（　）
□ 20 お便りをハイケンいたしました。（　）
□ 21 「時は金なり」は有名なカクゲンだ。（　）
□ 22 生徒会活動についてトウロンする。（　）
□ 23 五万人をシュウヨウする競技場だ。*（　）
□ 24 首相（しょう）がアジア諸国をレキホウする。*（　）
□ 25 支持するセイトウに投票する。（　）
□ 26 会社のホウシンを決定する。（　）

□ 27 駅の売店でザッシを買った。（　　）
□ 28 総選挙後ナイカクを組織する。（　　）
□ 29 キチョウな森林資源が減り続ける。（　　）
□ 30 友人のタンジョウ日を祝う。（　　）
□ 31 庭にジョソウのための薬をまいた。（　　）
□ 32 気候のオンダンな日が続いている。（　　）
□ 33 庭に柱をスイチョクに立てる。（　　）
□ 34 姉は英語のツウヤクをしている。（　　）
□ 35 プールでハイエイの練習をする。（　　）
□ 36 昔の家並みがホゾンされている。（　　）
□ 37 天皇ヘイカが大統領と会われた。（　　）
□ 38 火星の表面のエイゾウ*が写された。（　　）
□ 39 地面の水分がジョウハツした。（　　）
□ 40 雨が降らず水不足がシンコクだ。（　　）

□ 41 博物館に昔の道具がテンジされた。（　　）
□ 42 ほかの人の意見をソンチョウする。（　　）
□ 43 ヨクボウをおさえることも大事だ。（　　）
□ 44 チームのカイカクに取り組んだ。（　　）
□ 45 船のモケイを作って池にうかべた。（　　）
□ 46 家族にゾウキを提供する。（　　）
□ 47 山脈を六日でジュウソウした。（　　）
□ 48 注文品をシキュウ送ってください。（　　）
□ 49 会社の人事をタントウする。（　　）
□ 50 ドーム球場にカンシュウが集まる。（　　）

ワンポイント

2 カンケツ＝てみじかで要点を得ている様子。
16 チュウコク＝他人のよくない行いなどに対して、いましめること。×注告
23 シュウヨウ＝人や物をある場所に入れること。
24 レキホウ＝各地をおとずれること。
38 エイゾウ＝テレビなどの画面。

漢字力がつく

漢字を覚えるには、何度も書く以外に道はありません。その際、**「とめ・はね・はらい」**などもおろそかにしてはいけません。

10 書き取り（音読み）②

――とにかく、くり返して書く習慣が大切

よく出る

合格	(50〜35)
もう一歩	(34〜26)
がんばれ	(25〜　)

得点

● 次の――線のカタカナを漢字になおしなさい。

□ 1 台風のヨクジツは晴れあがった。（　　）
□ 2 技量はエンジュク*の域に達した。（　　）
□ 3 試合日は来月にエンキされた。（　　）
□ 4 機械がコショウして動かなくなる。（　　）
□ 5 大学を卒業してシュウショクした。（　　）
□ 6 選挙制度の改革をスイシンする。（　　）
□ 7 有用な金属をふくむコウセキだ。（　　）
□ 8 学級新聞をカイランする。（　　）
□ 9 祝勝会にショウタイされる。（　　）
□ 10 大雪で都市交通がコンランした。（　　）
□ 11 失業者をキュウサイする。（　　）
□ 12 大雨によるサイガイを防ぐ。（　　）
□ 13 改革案にサンドウの意を表す。（　　）

□ 14 人の意見をケイシすべきでない。（　　）
□ 15 いもを使ったキョウド料理を作る。（　　）
□ 16 知人の家をたずねたがルスだった。（　　）
□ 17 赤ちゃんにニュウシが生え始めた。（　　）
□ 18 国会でシュハンが指名される。（　　）
□ 19 コウゴウさまのお話を聞いた。（　　）
□ 20 やっと傷がカイホウ*に向かった。（　　）
□ 21 地下鉄のウンチンが上がるそうだ。（　　）
□ 22 兄はケイザイ学部で学んでいる。（　　）
□ 23 古いカンシュウを見直すべきだ。（　　）
□ 24 ハンドルをソウサして車を動かす。（　　）
□ 25 ナンカンといわれる学校を受けた。（　　）
□ 26 冷ぼうソウチのない部屋だ。（　　）

27 児童をタイショウ*とした番組だ。（　）
28 乗車券をハイケンします。（　）
29 ショメイが十万人に達した。（　）
30 教授には多くのチョサクがある。（　）
31 空きかんをアッシュクして集める。（　）
32 先取点をあげてユウイに立つ。（　）
33 別の問題が新たにハセイ*した。（　）
34 判定をコイ*に遅らせてはいけない。（　）
35 サトウキビはサトウの原料だ。（　）
36 あえて時代にギャッコウする。（　）
37 急なカイダンを上り下りする。（　）
38 もっとヨウリョウよく話しなさい。（　）
39 タカラジェンヌがタイダンする。（　）
40 ジシャクを使って方位を確かめる。（　）

41 ユウラン船で湖上を一周する。（　）
42 イチョウの病気に気を付けて。（　）
43 ヨウイに解ける問題ではない。（　）
44 事業資金をテイキョウする。（　）
45 大学で化学をセンモンに研究する。（　）
46 ピアノのチョウリツをしてもらう。（　）
47 コウテツのようにかたい筋骨だ。（　）
48 銅像のジョマク式に参列する。（　）
49 日本のコクモツ輸入量は増える。（　）
50 政治に参加するケンリがある。（　）

ワンポイント

2 エンジュク＝よくなれて、うまみのあること。
20 カイホウ＝病気・けがの具合がよくなっていくこと。
27 タイショウ＝目標・目的となるもの。×対照 ×対称
33 ハセイ＝分かれて生じること。
34 コイ＝わざとすること。

漢字力がつく
漢字の形を正しく書けるようにすることも大切ですが、どんなにやさしい漢字でも、その**漢字の意味**と、それをふくむ**熟語の意味**がわからなければ、正しく書くことはできません。

11 書き取り（訓読み）

――漢字のもつ意味を理解しておく

よく出る

合格	(50〜35)
もう一歩	(34〜26)
がんばれ	(25〜　)

得点

● 次の――線のカタカナを漢字になおしなさい。

□ 1 湖面に山のかげが*ウツっている。（　　）
□ 2 家事を姉にマカせ宿題にかかる。（　　）
□ 3 かごにモられた大きなカキを買う。（　　）
□ 4 ハリの穴にうまく糸が通せない。（　　）
□ 5 友だちからリンゴがトドいた。（　　）
□ 6 地図にシタガって山道を登る。（　　）
□ 7 高原のさわやかな空気をスう。（　　）
□ 8 検査で病気のウタガいがなくなった。（　　）
□ 9 初雪で山のイタダキが白く見える。（　　）
□ 10 山中でイズミがわき出ていた。（　　）
□ 11 この夏は平年*ナみの暑さでしょう。（　　）
□ 12 クマはアナの中で冬ごもりする。（　　）
□ 13 新年に親せきの家をタズねた。（　　）

□ 14 降り積もった雪を取りノゾく。（　　）
□ 15 ちょっとの油断が事故をマネく。（　　）
□ 16 オサナい子がよちよち歩いている。（　　）
□ 17 サッカーチームの人員をオギナう。（　　）
□ 18 海の近くでクらすのが夢だ。（　　）
□ 19 海辺でめずらしい貝を*サガす。（　　）
□ 20 母が兄弟げんかを公平に*サバいた。（　　）
□ 21 線路にソって青田が広がる。（　　）
□ 22 火事にソナえて消火器を置く。（　　）
□ 23 ヤナギの枝からしずくがタれる。（　　）
□ 24 長い時間をヘて和解した。（　　）
□ 25 夕日が海を赤くソめている。（　　）
□ 26 アバれ馬をみなでしずめた。（　　）

□ 27 目をトじて好きな音楽をきく。（　　）
□ 28 春の野に出てワカナをつむ。（　　）
□ 29 海岸の強い日差しが目をイる。（　　）
□ 30 大豆の取り入れがスんだ。（　　）
□ 31 転んでつま先がイタい。（　　）
□ 32 けが人をセオって帰った。（　　）
□ 33 朝晩はひえこみがキビしくなった。（　　）
□ 34 生ごみをふくろに入れてスてる。（　　）
□ 35 声をかけられてワレに返る。（　　）
□ 36 判断をアヤマらないようにする。（　　）
□ 37 新しいツクエを買ってもらう。（　　）
□ 38 ムズカしい問題を解くと自信がつく。（　　）
□ 39 選手がムネを張って行進する。（　　）
□ 40 思いをアラいざらい打ち明ける。（　　）

□ 41 会議でコトなる意見が出された。（　　）
□ 42 首位チームとの差がチヂまる。（　　）
□ 43 会への参加者がヘり続けている。（　　）
□ 44 気力をフルい起こして戦う。（　　）
□ 45 *アブない所がないか点検する。（　　）
□ 46 ざぶとんをホすとふわふわになる。（　　）
□ 47 ウラ通りに古い町屋が残る。（　　）
□ 48 苦心して作った花びんがワ*れた。（　　）
□ 49 静まった風がフタタび強くなる。（　　）
□ 50 思い出を心にキザむ。（　　）

ワンポイント

1 ウツる以外に↓ウツす、ハえる
11 ナみ以外に↓ナラぶ、ナラべる、ナラびに
19 サガす以外に↓サグる
20 サバく以外に↓タつ
45 アブない以外に↓アヤうい
48 ワれる以外に↓ワリ、ワる、サく

漢字力がつく 漢字の書き取りでやっかいなことは、**同じ訓**で意味の異なる漢字、**同じ読み方**で意味の違う熟語などが多いことです。

12 書き取り（同じ読みの漢字）①

――文脈を手がかりに判別する（同音異義語）

合格
(52～37)
もう一歩
(36～27)
がんばれ
(26～　)

得点

● 次の――線のカタカナをそれぞれ別の漢字になおしなさい。

1 兄はスキーのコウシュウを受けた。（　）
2 電車内でもコウシュウ道徳を守る。（　）

3 試験に合格するジシンがある。（　）
4 方位ジシンが北を示す。（　）

5 ガラスのキョウドを調べる。（　）
6 キョウドの名物をごちそうになる。（　）

7 選手がジコクの旗をふって走る。（　）
8 客船は予定のジコクに出航した。（　）

9 かれは健康ユウリョウ児だ。（　）
10 ユウリョウ道路を車で走る。（　）

11 一万人のカンシュウに見守られる。（　）
12 この村のカンシュウに従う。（　）

13 小説のコウソウを練る。（　）
14 コウソウ建築を見上げる。（　）

15 両国の外相（しょう）のカイダンが行われる。（　）
16 急なカイダンを注意しておりる。（　）

17 好天にめぐまれホウサクの年だ。（　）
18 最善のホウサクを考える。（　）

19 話し合いのシカイをする。（　）
20 きりが晴れてシカイが開けてきた。（　）

21 キキ管理体制を整える。（　）
22 電気キキを新調する。（　）

23 兄は医者をシボウしている。（　）
24 火事によるシボウ者はいなかった。（　）

25 この公園にはシキ折々の花が咲（さ）く。（　）
26 音楽会で合唱のシキをとる。（　）

27 ビルがケイカンをそこねる。（　）
28 ケイカンが交通整理をする。（　）

29 父の代からここに**ス**んでいる。
30 午前中に用事を**ス**ませる。

31 クイズ番組をビデオに**オサ**める。
32 国や市町村に税金を**オサ**める。

33 来客があるので父母は家に**イ**る。
34 武士が的をめがけて矢を**イ**る。

35 父は会社に**ツト**めている。
36 英語の勉強にもっと**ツト**めます。

37 家族と**トモ**にハイキングに行く。
38 祖母のお**トモ**をして寺に参る。

39 時を**ヘ**て真実が見えてきた。
40 年々予算が**ヘ**らされた。

41 石けんのにおいが手に**ウツ**る。
42 湖面に美しい満月が**ウツ**る。

43 明日の旅行に**ソナ**えて早くねる。
44 墓にユリの花を**ソナ**える。

45 寺院の裏庭で虫の**ネ**をきいた。
46 石油の**ネ**が上がり続けている。

47 田畑にしもが**オ**りている。
48 入国の許可が**オ**りる。

49 **ハラ**っぱに草花をつみに行く。
50 喜劇を見て**ハラ**をかかえて笑った。

51 週末は**ヨ**い天気になるそうだ。
52 日ごろの**ヨ**い行いが認められた。

ワンポイント

●文脈を手がかりに判別する

漢字には、同音異義語が多くあります。中国では同じ音でも発音を区別していますが、日本ではそれがなかったので、混乱をもたらしたのです。

同音異義語に対しては、その語の前後の文脈を手がかりにして判別するか、文法的に考えて判別しなければなりません。

漢字力がつく

音の読み方が同じなのに、意味のちがうことばを「**同音異義語**」といいます。日ごろから多くの本を読み、文中の熟語に慣れ親しむことが大切です。

13 書き取り（同じ読みの漢字）②

――熟語と関連づけて使い分ける（同訓異字）

合格
（52〜37）
もう一歩
（36〜27）
がんばれ
（26〜 ）

得点

● 次の――線のカタカナをそれぞれ別の漢字になおしなさい。

1 電車はジコのため三十分おくれた。
2 弟はジコ中心の行動が多い。

3 小説を読んで場面をソウゾウする。
4 天地ソウゾウの神話を読む。

5 今は手持ちのゲンキンがない。
6 飲酒運転はゲンキンされている。

7 漢字テストは全問セイトウだった。
8 セイトウの代表が国会で質問する。

9 キチョウは飛行中の最高責任者だ。
10 合宿でキチョウな体験をした。

11 目的地まで電車でイドウする。
12 先生が他校にイドウする。

13 カタログの説明をホソクする。
14 駅までのきょりをホソクする。

15 物語のあら筋をカンケツに述べる。
16 このドラマは次回でカンケツする。

17 シキュウ集まれとの指令だ。
18 交通費がシキュウされる。

19 キンゾクは熱を伝える。
20 父はキンゾク三十年になる。

21 店内にコウカな時計が並んでいる。
22 ヘリコプターがコウカを始めた。

23 ミュージカルのカンゲキに行く。
24 すばらしい合唱にカンゲキした。

25 文芸家にシジするのが夢だ。
26 かれの意見をシジする。

27 五輪のセイカリレーを行う。
28 セイカ市場で野菜を仕入れる。

29 シオを加えて味付けをする。
30 シオが引いた海岸で貝がらを拾う。

31 分数をヤクして計算する。
32 英語の詩を日本語にヤクす。

33 宿題がいっぱいアる。
34 長く政権の座にアる。

35 進む方向をアヤマる。
36 自分のまちがいをアヤマる。

37 春は日差しがアタタカい。
38 アタタカいうちに料理をいただく。

39 学問をオサめる。
40 国をオサめる。

41 着ている服がヤブれる。
42 決勝戦でおしくもヤブれる。

43 この問題をトくのは難しい。
44 物の道理をトく。

45 訪れる人が跡(あと)をタたない。*
46 古くなった家をタてかえる。*

47 服のボタンをきちんとトめる。
48 もれている水道の水をトめる。

49 枝を勝手にオってはいけない。
50 絹糸で美しい布をオる。

51 水そうでザリガニをカっている。
52 新しい自転車をカってもらった。

ワンポイント

●熟語と関連づけて使い分ける

45 タつ＝つながりを失わせる。（ゼッコウ）
46 タつ＝家などがつくられること。（ケンチク）

※「タつ」の同訓異字「立つ」「断つ」「裁つ」
このようなことばは、意味をよく考えて使うことが大切です。

漢字力がつく

訓の読み方は同じなのに、表そうとする意味によって漢字を異にするものを「**同訓異字**」といいます。それらの意味を知って、その使い方を区別することが大切です。

14 四字熟語①

——二字の熟語を二つ組み合わせたものが多い

● 次のカタカナを漢字になおし、一字だけ書きなさい。

1 **ホ**強工事（　）
2 朝**レイ**暮改（　）
3 **ワリ**引料金（　）
4 **ヨッ**求不満（　）
5 針小**ボウ**大（　）
6 単**ジュン**明快（　）
7 心**キ**一転（　）
8 油断大**テキ**（　）
9 無我**ム**中（　）
10 明**ロウ**快活（　）
11 有害無**エキ**（　）
12 半信半**ギ**（　）
13 社会保**ショウ**（　）

14 完全無**ケツ**（　）
15 条件反**シャ**（　）
16 世**ロン**調査（　）
17 問題**ショ**理（　）
18 児童**ケン**章（　）
19 一心不**ラン**（　）
20 天然資**ゲン**（　）
21 宇**チュウ**開発（　）
22 家庭**ホウ**問（　）
23 馬**ジ**東風（　）
24 八方**ビ**人（　）
25 南極**タン**検（　）
26 野外**ゲキ**場（　）

27 **ヨウ**年時代（　）
28 非常階**ダン**（　）
29 国民主**ケン**（　）
30 賛**ピ**両論（　）
31 **カブ**式会社（　）
32 **セン**門学校（　）
33 安全**セン**言（　）
34 防災対**サク**（　）
35 大器晩**セイ**（　）
36 世界**イ**産（　）
37 完全**カン**護（　）
38 **ゾウ**器移植（　）
39 独立自**ソン**（　）

40 因果応**ホウ**（　）
41 一刻**セン**金（　）
42 **セイ**人君子（　）
43 貿**エキ**収支（　）
44 雨天順**エン**（　）
45 **カタ**側通行（　）
46 国際親**ゼン**（　）
47 **ユウ**先順位（　）
48 四**シャ**五入（　）
49 実験**ソウ**置（　）
50 **カク**張工事（　）
51 首**ノウ**会談（　）
52 晴**コウ**雨読（　）

合格
(100〜70)
もう一歩
(69〜51)
がんばれ
(50〜　)

得点

53 大ギ名分（　）
54 人口ミツ度（　）
55 高ソウ住宅（　）
56 人員点コ（　）
57 シュウ業規則（　）
58 政トウ政治（　）
59 自コ反省（　）
60 測定ゴ差（　）
61 絶タイ絶命（　）
62 酸素キュウ入（　）
63 スイ理小説（　）
64 政治改カク（　）
65 水玉モ様（　）
66 地イキ社会（　）

67 玉石コン交（　）
68 温ダン前線（　）
69 永久ジ石（　）
70 自キュウ自足（　）
71 新カン図書（　）
72 保ゾン状態（　）
73 暴風ケイ報（　）
74 加減乗ジョ（　）
75 胃チョウ不良（　）
76 合ソウ練習（　）
77 温コ知新（　）
78 時間ゲン守（　）
79 信号無シ（　）
80 起ショウ転結（　）

81 実力発キ（　）
82 利害トク失（　）
83 価チ判断（　）
84 事実無コン（　）
85 意気トウ合（　）
86 引タイ宣言（　）
87 イロ同音（　）
88 検トウ課題（　）
89 人気絶チョウ（　）
90 キン労感謝（　）

91 危急存ボウ（　）
92 公シュウ電話（　）
93 ニソク三文（　）
94 カン末付録（　）
95 ジョウ気機関（　）
96 エン岸漁業（　）
97 リン時国会（　）
98 老化現ショウ（　）
99 海外ハ兵（　）
100 ショ名運動（　）

ワンポイント

●四字熟語の組み合わせの型

①二字ずつ組んだ「□□＋□□」型（自由自在）
②下に一字の「□□□＋□」型（五十音順）
③上に一字の「□＋□□□」型（副委員長）
④ばらばらの「□＋□＋□＋□」型（春夏秋冬）

四字熟語の大部分は①の型からできています。

漢字力がつく

二つの熟語の組み合わせには、二字どうしが、似た意味で対応しているもの（自由自在）、反対の意味で対応しているもの（一進一退）、上の二字が下の二字にかかる関係になっているもの（理路整然）などがあります。

15

四字熟語 ②

——同音の漢字の選たくに注意しよう

● 次のカタカナを漢字になおし、一字だけ書きなさい。

1 同時通**ヤク**（　）
2 **ヒン**行方正（　）
3 天**サイ**地変（　）
4 急**テン**直下（　）
5 小**コウ**状態（　）
6 不**ゲン**実行（　）
7 電光石**カ**（　）
8 **タン**刀直入（　）
9 生存**キョウ**争（　）
10 意**シキ**不明（　）
11 **キョウ**土芸能（　）
12 無理**ナン**題（　）
13 前後不**カク**（　）

14 定例**カク**議（　）
15 **ジョ**雪作業（　）
16 **ショ**国遊覧（　）
17 半死半**ショウ**（　）
18 三寒四**オン**（　）
19 天変地**イ**（　）
20 基本方**シン**（　）
21 **コウ**水確率（　）
22 **ヒ**密文書（　）
23 航海日**シ**（　）
24 神社参**パイ**（　）
25 国**セイ**調査（　）
26 気**ショウ**観測（　）

27 景気対**サク**（　）
28 工作機**カイ**（　）
29 弱肉**キョウ**食（　）
30 有名無**ジツ**（　）
31 書留**ユウ**便（　）
32 直**シャ**日光（　）
33 学習意**ヨク**（　）
34 共存共**エイ**（　）
35 現地**シ**察（　）
36 感情**イ**入（　）
37 **ソウ**意工夫（　）
38 財産**ソウ**続（　）
39 臨機**オウ**変（　）

40 一**ボウ**千里（　）
41 運転**ケイ**統（　）
42 国王**ヘイ**下（　）
43 意味**シン**長（　）
44 負**タン**軽減（　）
45 **キュウ**急処置（　）
46 国際収**シ**（　）
47 **フク**式呼吸（　）
48 自由**サイ**量（　）
49 花**チョウ**風月（　）
50 門戸開**ホウ**（　）
51 **ウ**往左往（　）
52 自問自**トウ**（　）

合格 (100〜70)	もう一歩 (69〜51)	がんばれ (50〜　)

得点

□ 53 自動開ヘイ（　　）
□ 54 規模シュク小（　　）
□ 55 シ上命令（　　）
□ 56 古コン東西（　　）
□ 57 機会キン等（　　）
□ 58 宅地ゾウ成（　　）
□ 59 円マン解決（　　）
□ 60 コク倉地帯（　　）
□ 61 記録エイ画（　　）
□ 62 キ少価値（　　）
□ 63 自画自サン（　　）
□ 64 日シン月歩（　　）
□ 65 自由サン加（　　）
□ 66 一意セン心（　　）

□ 67 文明開カ（　　）
□ 68 音シン不通（　　）
□ 69 言語道ダン（　　）
□ 70 暴イン暴食（　　）
□ 71 一挙両トク（　　）
□ 72 キ死回生（　　）
□ 73 空前ゼツ後（　　）
□ 74 セイ神統一（　　）
□ 75 百パツ百中（　　）
□ 76 公シ混同（　　）
□ 77 通キン電車（　　）
□ 78 公明セイ大（　　）
□ 79 人事不セイ（　　）
□ 80 議論ヒャク出（　　）

□ 81 正当防エイ（　　）
□ 82 ダン体行動（　　）
□ 83 平身テイ頭（　　）
□ 84 適ザイ適所（　　）
□ 85 イ心伝心（　　）
□ 86 ザ席指定（　　）
□ 87 門外不シュツ（　　）
□ 88 人カイ戦術（　　）
□ 89 ハク学多才（　　）
□ 90 栄養ホ給（　　）

□ 91 キ険信号（　　）
□ 92 政治トウ論（　　）
□ 93 身分セイ度（　　）
□ 94 一部始ジュウ（　　）
□ 95 ロトウ試問（　　）
□ 96 保守カク新（　　）
□ 97 集合時コク（　　）
□ 98 社交ジ令（　　）
□ 99 複雑コッ折（　　）
□ 100 理路セイ然（　　）

ワンポイント

●四字熟語の組み立て

①数字が使われてできている
②上の二字と下の二字が似た意味で対応（豊年満作）
③上の二字と下の二字が反対の意味で対応（有名無ジツ・保守カク新）
④上の二字と下の二字が主語と述語の関係（大器晩成）
⑤上の二字から下の二字へと意味がとらえられる（前後不カク・不ゲン実行）

漢字力がつく

四字熟語には、数字が使われるもの（四苦八苦）や、昔からのいわれ（故事）があってできたことば（四面楚歌(しめんそか)など）があります。

16 対義語

——反対語と対応語を合わせて「対義語」という

❶ 後の□の中のひらがなを漢字になおして、対義語（意味が反対や対になることば）を書きなさい。□の中のひらがなは一度だけ使い、漢字一字を（　）の中に書きなさい。

□ 1 誕生―死（　）
□ 2 可決―（　）決
□ 3 拡大―（　）小
□ 4 安全―危（　）
□ 5 複雑―（　）単
□ 6 借用―返（　）
□ 7 制服―（　）服

□ 8 往復―（　）道
□ 9 整理―散（　）
□ 10 水平―（　）直
□ 11 外出―帰（　）
□ 12 安易―困（　）
□ 13 発散―（　）収
□ 14 過去―（　）来

かた・かん・きゅう・けん・さい
しゅく・すい・たく・なん・ひ
ぼう・み・らん・し

❷ 後の□の中のひらがなを漢字になおして、対義語（意味が反対や対になることば）を書きなさい。□の中のひらがなは一度だけ使い、漢字一字を（　）の中に書きなさい。

□ 1 快楽―苦（　）
□ 2 定例―（　）時
□ 3 増加―（　）少
□ 4 冷静―興（　）
□ 5 整然―（　）然
□ 6 公開―（　）密
□ 7 賞賛―非（　）

□ 8 尊重―（　）視
□ 9 用心―油（　）
□ 10 許可―（　）止
□ 11 目的―（　）段
□ 12 延長―短（　）
□ 13 公用―（　）用
□ 14 地味―（　）手

きん・げん・ざつ・し・しゅ
だん・つう・しゅく・なん・は
ふん・む・りん・ひ

合格
(50～35)
もう一歩
(34～26)
がんばれ
(25～　)

得点

❸ 次の1～6のア・イはそれぞれ対義語の関係になっています。アはその熟語の読みをひらがなで、イはカタカナを漢字になおして（　）に書きなさい。

□ 1 ア 集合（　　） イ カイ散（　　）

□ 2 ア 寒冷（　　） イ 温ダン（　　）

□ 3 ア 正常（　　） イ イ常（　　）

□ 4 ア 実物（　　） イ モ型（　　）

□ 5 ア 中心（　　） イ シュウ辺（　　）

□ 6 ア 退職（　　） イ シュウ職（　　）

❹ 次の熟語の対義語を、後の□のひらがなの中から選んで（　）に漢字で書きなさい。

□ 1 損失―（　　）

□ 2 決定―（　　）

□ 3 支線―（　　）

□ 4 同義―（　　）

□ 5 応答―（　　）

□ 6 義務―（　　）

□ 7 友好―（　　）

□ 8 辞任―（　　）

□ 9 解体―（　　）

□ 10 河口―（　　）

いぎ・かんせん・けんり・しつもん
しゅうえき・しゅうにん・しんちく
すいげん・てきたい・ほりゅう

ワンポイント

● 対義語の組み立て

。共通の漢字があるもの

①上の字が対応、下の字が共通
善意―悪意　無益―有益

②上の字が共通、下の字が対応
輸入―輸出　連勝―連敗

。共通の漢字がないもの

③上下ともそれぞれ対応している
前進―後退

④上下とも対応していない
戦争―平和

漢字力がつく

「漢検」では、**反対語**（大―小のように、互いに反対の意味をもつことば）と**対応語**（男―女のように、二つのことばを互いに対応させて、一対のものとしたことば）を合わせて「**対義語**」としています。

17 類義語

——同義語と類義語を合わせて「類義語」という

❶ 後の□の中のひらがなを漢字になおして、類義語（意味がよく似たことば）を書きなさい。□の中のひらがなは一度だけ使い、漢字一字を（　）の中に書きなさい。

□ 1 真心―（　）意
□ 2 進歩―発（　）
□ 3 手段―方（　）
□ 4 始末―（　）理
□ 5 簡単―（　）易
□ 6 運送―運（　）
□ 7 後方―（　）後
□ 8 欠点―（　）点
□ 9 快活―明（　）
□ 10 役者―俳（　）
□ 11 感心―（　）服
□ 12 母国―（　）国
□ 13 価格―値（　）
□ 14 所得―（　）入

けい・さく・しゅう・しょ・せい
そ・だん・てん・なん・はい
ゆ・ゆう・よう・ろう

❷ 後の□の中のひらがなを漢字になおして、類義語（意味がよく似たことば）を書きなさい。□の中のひらがなは一度だけ使い、漢字一字を（　）の中に書きなさい。

□ 1 有名―（　）名
□ 2 便利―重（　）
□ 3 反対―（　）議
□ 4 出版―（　）行
□ 5 家屋―住（　）
□ 6 通商―（　）易
□ 7 不在―（　）守
□ 8 同意―（　）成
□ 9 希望―志（　）
□ 10 助言―（　）告
□ 11 日常―平（　）
□ 12 赤字―（　）失
□ 13 指図―指（　）
□ 14 様子―状（　）

い・かん・き・がん・さん・そ
そん・ちょ・ちゅう・たい・たく
ほう・ぼう・る

合格	(50～35)
もう一歩	(34～26)
がんばれ	(25～　)

得点

❸ 次の1〜6のア・イはそれぞれ類義語の関係になっています。アはその熟語の読みをひらがなで、イはカタカナを漢字になおして(　)に書きなさい。

□ 1 ア 手紙(　　) イ 書**カン**(　　)

□ 2 ア 用意(　　) イ **ジュン**備(　　)

□ 3 ア 試験(　　) イ 考**サ**(　　)

□ 4 ア 未来(　　) イ **ショウ**来(　　)

□ 5 ア 重視(　　) イ **ソン**重(　　)

□ 6 ア 助力(　　) イ 加**セイ**(　　)

❹ 次の熟語の類義語を、後の□の中のひらがなから選んで(　)に漢字で書きなさい。

□ 1 見事―(　　)

□ 2 努力―(　　)

□ 3 試合―(　　)

□ 4 発育―(　　)

□ 5 使命―(　　)

□ 6 均等―(　　)

□ 7 美点―(　　)

□ 8 賃金―(　　)

□ 9 気楽―(　　)

□ 10 関心―(　　)

いちりつ・きゅうりょう・きょうみ
せいちょう・しょうぶ・ちょうしょ
にんむ・りっぱ・あんい・きんべん

ワンポイント

● **類義語の組み立て**

。共通の漢字があるもの

①上の字が対応していて下の字が共通　案外―意外

②上の字が共通で下の字が対応　改良―改善

。共通の漢字がない　内容―中身　人気―評判

。類義語が複数ある　教師―教員―先生

漢字力がつく

「漢検」では、**同義語**(友達―友人のように全く同じ意味のことば)と**類義語**(中心―中央のように全く同じ意味ではないが、互(たが)いに似た意味をもつことば)を合わせて「**類義語**」としてあつかっています。

18 対義語・類義語

――対義語や類義語は対(つい)や組にして覚えよう

合格	(46～33)
もう一歩	(32～24)
がんばれ	(23～　)

得点

● 後の□の中のひらがなを漢字になおして、対義語と類義語を書きなさい。□の中のひらがなは一度だけ使い、漢字一字を（　）の中に書きなさい。

❶

対義語

□ 1 内気―（　）気
□ 2 安楽―（　）苦
□ 3 落第―進（　）
□ 4 強制―（　）意
□ 5 子孫―（　）先
□ 6 強情―（　）順

類義語

□ 7 能筆―（　）筆
□ 8 評論―（　）評
□ 9 陽気―（　）活
□ 10 地方―地（　）
□ 11 熱中―（　）念
□ 12 加入―加（　）

いき・かい・こん・じゅう・せん・そ・きゅう・たっ・にん・ひ・めい・かち

❷

対義語

□ 1 神社―仏（　）
□ 2 固定―（　）動
□ 3 友好―（　）対
□ 4 家来―主（　）
□ 5 肉体―（　）神
□ 6 悲報―（　）報

類義語

□ 7 意見―見（　）
□ 8 広告―（　）伝
□ 9 利益―（　）益
□ 10 向上―発（　）
□ 11 便利―重（　）
□ 12 地味―（　）素

せい・かい・かく・てき・しっ・しゅう・せん・たつ・くん・い・ほう・ろう

❸

対義語

□ 1 実物―（　）型
□ 2 安産―（　）産
□ 3 散在―（　）集
□ 4 無名―（　）名
□ 5 例外―原（　）
□ 6 減退―（　）進

類義語

□ 7 自習―（　）学
□ 8 友好―親（　）
□ 9 原始―（　）開
□ 10 入念―（　）心
□ 11 至急―（　）急
□ 12 世論―（　）意

なん・み・ぜん・そう・そく
ぞう・どく・さい・みっ・みん
も・ちょ

漢字力がつく

対義語・類義語の学習としては、できるだけ多くの**熟語**を、その意味をよく理解したうえで覚えることが必要です。またその**熟語**を正確に書けなければいけません。

❹

対義語

□ 1 順境―（　）境
□ 2 助長―（　）止
□ 3 採血―（　）血
□ 4 直接―（　）接
□ 5 横断―（　）断

類義語

□ 6 絶頂―（　）高
□ 7 伝道―（　）教
□ 8 自分―自（　）
□ 9 実直―（　）勉
□ 10 簡単―平（　）

い・ぎゃっ・じゅう・きん・こ
ゆ・かん・ふ・ぼう・さい

ワンポイント

●**熟語になることばをできるだけ多く覚える。**
　対義語・類義語の問題は、ことばがどれだけ豊富であるか、つまり語い力を調べる問題でもあります。

●**熟語を漢字で正確に書けるようにする。**
　対義語・類義語の問題は、また漢字の書き取りの問題をかねています。答えとなることばを知っていても、漢字で正確に書き表すことができなければ、正しい解答はできません。

19 熟語の組み立て

——熟語の構成のしかたを正しく理解しよう

よく出る

合格	もう一歩	がんばれ
(68～48)	(47～35)	(34～　)

得点

● 漢字を二字組み合わせた熟語では、二つの漢字の間に意味の上で、次のような関係があります。

ア　反対や対(つい)になる意味の字を組み合わせたもの。（例…上下）
イ　同じような意味の字を組み合わせたもの。（例…森林）
ウ　上の字が下の字の意味を説明(修飾(しょく))しているもの。（例…漢字）
エ　下の字から上の字へ返って読むと意味がよくわかるもの。（例…出題）
オ　上の字が下の字の意味を打ち消しているもの。（例…不幸）

次の熟語は、右のア～オのどれにあたるか、記号で答えなさい。

□ 1 寒暖（　）
□ 2 除雪（　）
□ 3 幼児（　）
□ 4 洗顔（　）
□ 5 自己（　）
□ 6 開閉（　）
□ 7 絹糸（　）
□ 8 養蚕（　）
□ 9 未納（　）
□ 10 精密（　）
□ 11 不純（　）
□ 12 縦横（　）
□ 13 歌詞（　）
□ 14 潮風（　）
□ 15 紅白（　）
□ 16 不敵（　）
□ 17 困苦（　）
□ 18 除草（　）
□ 19 困難（　）
□ 20 負傷（　）
□ 21 公私（　）
□ 22 難題（　）
□ 23 不要（　）
□ 24 乗降（　）
□ 25 納税（　）
□ 26 組閣（　）
□ 27 非常（　）
□ 28 順延（　）
□ 29 存在（　）
□ 30 車窓（　）

31 閉店（　）
32 未熟（　）
33 得失（　）
34 勤務（　）
35 未完（　）
36 恩師（　）
37 難易（　）
38 除去（　）
39 干満（　）
40 就任（　）
41 翌年（　）

42 無視（　）
43 取捨（　）
44 拝礼（　）
45 就職（　）
46 登頂（　）
47 非道（　）
48 観劇（　）
49 胸囲（　）
50 興亡（　）
51 無欲（　）
52 従順（　）

53 軽視（　）
54 善良（　）
55 延期（　）
56 不快（　）
57 賛否（　）
58 洗面（　）
59 安易（　）
60 国宝（　）

61 未知（　）
62 明暗（　）
63 半熟（　）
64 補足（　）
65 発券（　）
66 停止（　）
67 善悪（　）
68 立腹（　）

ワンポイント

●熟語の基本は二字熟語

漢字の特徴（とくちょう）の一つは、一字ずつが確実に意味をもっている、ということでしょう。カタカナやひらがな、アルファベットなどでは、一字ずつには意味がありません。一字ずつに意味がある漢字を、二字、三字、四字と組み合わせたものが熟語です。

熟語の基本は二字熟語です。というのも、三字熟語は二字熟語プラス一字、四字熟語は二字熟語プラス二字熟語である場合が多いのです。

漢字力がつく

漢字は**表意文字**（一字一字が意味を表す文字）で、**熟語**では意味のある二つの字が重なるので、その結びつき方に注目しましょう。

漢字の読み　書き取り　四字熟語　対義語・類義語　熟語　部首・筆順・送りがな　実戦模擬　資料

20 熟語を作る

――漢字の意味的な結びつきに注意しよう

合格（25〜18）　もう一歩（17〜14）　がんばれ（13〜　）　得点

●後の□の中から漢字を二つずつ選んで、次の意味にあてはまる熟語を作りなさい。答えは記号で（　）の中に書きなさい。

❶

□ 1 機械などを動かしてはたらかせること。（　　）

□ 2 こめ・麦・あわ・ひえ・きびなど。（　　）

□ 3 物事のつくりや仕組みなどの大きさ。（　　）

□ 4 一つのことに心を集中すること。（　　）

□ 5 ほしいと願う気持ち。（　　）

ア 穀　イ 念　ウ 規　エ 単　オ 専　カ 操
キ 望　ク 欲　ケ 作　コ 模　サ 類　シ 整

❷

□ 1 感情がたかぶること。（　　）

□ 2 国のいちばんもとになるきまり。（　　）

□ 3 まだよく実っていないこと。（　　）

□ 4 団体に仲間入りすること。（　　）

□ 5 ものごとのねうちのこと。（　　）

ア 法　イ 値　ウ 盟　エ 奮　オ 告　カ 未
キ 憲　ク 親　ケ 興　コ 加　サ 価　シ 熟

❸

□ 1 相手に重大なことを言いわたすこと。（　　）

□ 2 じゃまなものを取りのぞくこと。（　　）

□ 3 短くよくまとまっている様子。（　　）

□ 4 新しいものをはじめてつくること。（　　）

□ 5 事のなりゆきをおしはかること。（　　）

ア 去　イ 創　ウ 告　エ 長　オ 潔　カ 除
キ 推　ク 然　ケ 宣　コ 測　サ 造　シ 簡

❹

□ 1 人とちがった考えや反対意見。（　　）

□ 2 役立ててもらうようにさし出すこと。（　　）

□ 3 真心をもってものごとを行うこと。（　　）

□ 4 心がすなおで清らかなこと。（　　）

□ 5 よい悪いを見分けて意見を言うこと。（　　）

ア 評　イ 真　ウ 先　エ 供　オ 議　カ 張
キ 異　ク 純　ケ 忠　コ 提　サ 批　シ 実

❺

□ 1 政府や会社などの中心になる人。（　　）

□ 2 人々に注意をよびかける知らせ。（　　）

□ 3 長くそのままの状態で残しておくこと。（　　）

□ 4 たりないところをつけ加えること。（　　）

□ 5 身なりや行いがはなやかで目立つこと。（　　）

ア 警　イ 足　ウ 査　エ 保　オ 派　カ 首
キ 転　ク 手　ケ 脳　コ 存　サ 補　シ 報

漢字力がつく 一つ一つの漢字の意味を思い出し、**熟語**がどのような組み立てになっているかを考えると、その**熟語**のおおよその意味を知ることができます。

21 部首①

——部首は漢字の組み立ての部分であり、字を分類する目じるし

よく出る

合格	(43〜31)
もう一歩	(30〜23)
がんばれ	(22〜)

得点

❶ 次の漢字に共通する部首を（ ）の中に書きなさい。

〈例〉 湖 治 池 河 海 （氵）

□ 1 傷 値 供 俳 俵 （ ）
□ 2 揮 拝 推 操 抗 （ ）
□ 3 絹 紅 縮 素 納 （ ）
□ 4 態 愛 忘 忠 志 （ ）
□ 5 査 未 束 染 来 （ ）
□ 6 脳 背 腸 胸 胃 （ ）
□ 7 箱 築 筋 策 笛 （ ）
□ 8 兄 元 光 先 児 （ ）
□ 9 可 呼 否 后 吸 （ ）
□ 10 異 申 町 留 男 （ ）
□ 11 製 裁 裏 表 装 （ ）

□ 12 県 直 省 看 相 （ ）
□ 13 刻 創 割 制 劇 （ ）
□ 14 朝 有 期 望 朗 （ ）
□ 15 暖 晩 易 暮 暴 （ ）
□ 16 磁 確 砂 破 研 （ ）
□ 17 後 径 従 徳 役 （ ）
□ 18 市 席 常 幕 帯 （ ）
□ 19 導 射 対 尊 専 （ ）
□ 20 天 央 奮 奏 失 （ ）
□ 21 型 圧 墓 垂 報 （ ）
□ 22 庁 座 序 店 底 （ ）
□ 23 警 誠 論 訪 誤 （ ）

❷ 次のひらがなで示された部首名をふくむ漢字一字を（　）の中から選び、その記号を〔　〕に書きなさい。

〈例〉 さんずい　（ア形　イ冷　ウ池　エ営）〔ウ〕

□ 1 しめすへん　（ア祖　イ補　ウ複　エ票）〔　〕

□ 2 め　（ア見　イ真　ウ貝　エ具）〔　〕

□ 3 おおざと　（ア郷　イ里　ウ限　エ障）〔　〕

□ 4 ふるとり　（ア進　イ推　ウ準　エ難）〔　〕

□ 5 やまいだれ　（ア痛　イ原　ウ屋　エ席）〔　〕

□ 6 つきへん　（ア服　イ腹　ウ朝　エ肥）〔　〕

□ 7 くち　（ア名　イ谷　ウ加　エ足）〔　〕

□ 8 うかんむり　（ア案　イ宙　ウ窓　エ空）〔　〕

□ 9 ぎょうにんべん　（ア街　イ律　ウ衛　エ術）〔　〕

□ 10 もんがまえ　（ア問　イ聞　ウ閣　エ固）〔　〕

□ 11 た　（ア畑　イ思　ウ胃　エ奮）〔　〕

□ 12 のぶん ぼくづくり　（ア牧　イ厳　ウ敗　エ至）〔　〕

□ 13 ふしづくり　（ア卵　イ都　ウ机　エ処）〔　〕

□ 14 また　（ア支　イ収　ウ皮　エ板）〔　〕

□ 15 がんだれ　（ア厚　イ届　ウ丁　エ厳）〔　〕

□ 16 こざとへん　（ア郵　イ頂　ウ欲　エ陛）〔　〕

□ 17 ひとあし にんにょう　（ア兆　イ売　ウ見　エ覚）〔　〕

□ 18 くさかんむり　（ア簡　イ臓　ウ蔵　エ暮）〔　〕

□ 19 みる　（ア則　イ視　ウ現　エ貯）〔　〕

□ 20 るまた ほこづくり　（ア穀　イ段　ウ役　エ投）〔　〕

ワンポイント

●まぎらわしい部首

①「おおざと」と「こざとへん」
・おおざと――都　部　郡
・こざとへん――院　階　陽

②漢字のどこに位置するかで呼び名が変わるもの
つち｛つちへん↓場　つち↓型｝
き｛きへん↓村　き↓本｝

漢字力がつく

部首は漢字をわかりやすくするための仕分け方法です。漢字の一部分をつくる部首は、つく場所がきまっています。また部首は意味を表しています。**漢和辞典**で調べましょう。

22

部首②

部首の種類は、へん・つくり・かんむり・あし・たれ・にょう・かまえに大別される。

よく出る

合格	(54〜38)
もう一歩	(37〜28)
がんばれ	(27〜　)

得点

❶ 次の漢字の部首と部首名を後の□の中からそれぞれ選び、記号で書きなさい。

〈例〉現（部首 う）（部首名 イ）

□ 1 穀（　）（　）
□ 2 就（　）（　）
□ 3 署（　）（　）
□ 4 聖（　）（　）
□ 5 幕（　）（　）

あ 禾　い 亠　う 王　え 尢　お 乚
か 耳　き 艹　く 罒　け 巾　こ 殳

ア あみがしら・あみめ・よこめ　イ おう
ウ くさかんむり　エ だいのまげあし
オ くちへん　カ のぎへん　キ はば　ク ひ
ケ みみ　コ るまた・ほこづくり

❷ 次の漢字の部首と部首名を後の□の中からそれぞれ選び、記号で書きなさい。

□ 1 憲（部首　）（部首名　）
□ 2 疑（　）（　）
□ 3 警（　）（　）
□ 4 垂（　）（　）
□ 5 亡（　）（　）
□ 6 郷（　）（　）

あ 矢　い 十　う 疋　え 攵　お 土
か 宀　き 阝　く 刂　け 言　こ 心
さ 乡　し 亠

ア うかんむり　イ おおざと　ウ や
エ こころ　オ げん　カ ひき　キ つち
ク のぶん・ぼくづくり　ケ の・はらいぼう
コ なべぶた・けいさんかんむり　サ め　シ こ

3 次の漢字の部首と部首名を後の□の中からそれぞれ選び、記号で書きなさい。

		部首	部首名
1	盛		
2	奏		
3	尺		
4	宣		
5	班		
6	乳		

あ 宀　い 皿　う 大　え 王　お し
か 尸　き 言　く 巾　け ⺍　こ 弋
さ 衣　し 刂

ア かばね・しかばね　イ おつ　ウ にくづき
エ だい　オ うかんむり　カ さら
キ おうへん・たまへん　ク はば　ケ しきがまえ
コ また　サ つかんむり　シ れんが・れっか

4 漢和辞典では、次の漢字はどの部首に出ていますか。その部首を書きなさい。

1 異　2 我　3 事　4 危　5 成　6 蚕　7 武　8 衆　9 裏　10 卵

11 慣　12 印　13 美　14 弱　15 勤　16 失　17 協　18 后　19 暮　20 夢

ワンポイント

●部首をまちがえやすい漢字

・前　利　則（りっとう）
・勝　労　務（ちから）
・放　敗　整（のぶん）
・分　初　券（かたな）

・合　問　周（くち）
・学　季　存（こ）
・常　幕　帯（はば）
・表　裁　製（ころも）
・昼　暴　春（ひ）

漢字力がつく

部首は七種類に大別されますが、それ以外にそのどれにも属さない「その他」に分類される部首があります。**部首の特徴**（とくちょう）と**部首名**をしっかり覚えましょう。

23 筆順・総画数 ①

——筆順の大原則は「左から右へ」「上から下へ」

よく出る

合格
(77〜54)
もう一歩
(53〜40)
がんばれ
(39〜)

得点

❶ 次の漢字の太い画の点や線は、何番目に書きますか。算用数字(1、2、3、…)で書きなさい。

1 推（ ）
2 降（ ）
3 裏（ ）
4 垂（ ）
5 従（ ）
6 俳（ ）
7 脳（ ）
8 党（ ）
9 並（ ）
10 供（ ）
11 卵（ ）

12 延（ ）
13 座（ ）
14 片（ ）
15 冊（ ）
16 専（ ）
17 将（ ）
18 律（ ）
19 域（ ）
20 処（ ）
21 蒸（ ）
22 裁（ ）

23 善（ ）
24 割（ ）
25 収（ ）
26 郵（ ）
27 誤（ ）
28 至（ ）
29 認（ ）
30 痛（ ）
31 済（ ）
32 革（ ）
33 届（ ）

34 衆（ ）
35 吸（ ）
36 胸（ ）
37 宙（ ）
38 系（ ）
39 熟（ ）
40 染（ ）
41 否（ ）
42 骨（ ）
43 班（ ）
44 灰（ ）

45 巻（ ）
46 誌（ ）
47 盛（ ）
48 鋼（ ）
49 簡（ ）
50 秘（ ）
51 覧（ ）
52 降（ ）
53 補（ ）
54 詞（ ）
55 穀（ ）

❷ 次の漢字を例にならって筆順を書きなさい。

〈例〉 位（ノ　亻　亻　仁　位　位）

1 楽（　　）
2 密（　　）
3 訪（　　）
4 射（　　）
5 承（　　）
6 快（　　）
7 恩（　　）
8 状（　　）
9 訳（　　）
10 犯（　　）
11 報（　　）
12 飛（　　）

13 銭（　　）
14 遺（　　）
15 演（　　）
16 雑（　　）
17 妻（　　）
18 乗（　　）
19 略（　　）
20 逆（　　）
21 衛（　　）
22 興（　　）

ワンポイント
●あやまりやすい筆順の漢字

道 安 駅 化 階 区 県
幸 報 取 州 使 薬 旅
希 極 別 承 縦 密 状

年 赤 車 我 出 左 気
通 麦 国 黄 弓 歌 何

漢字力がつく

筆順のとおりに書くと、書きやすいだけでなく、美しい形で正しく書けます。また、字も覚えやすいものです。その字を習うときに、しっかり頭に入れておきましょう。

24 筆順・総画数 ②

——画数はその字を何回で書くかという数

よく出る

合格	(51〜36)
もう一歩	(35〜27)
がんばれ	(26〜　)

得点

● 次の漢字の太い画のところは筆順の何画目ですか。また、総画数は何画ですか、算用数字(1、2、3、…)で書きなさい。

番号	漢字	何画目	総画数
1	層	(　)	(　)
2	純	(　)	(　)
3	貴	(　)	(　)
4	装	(　)	(　)
5	聖	(　)	(　)
6	憲	(　)	(　)
7	激	(　)	(　)
8	劇	(　)	(　)
9	背	(　)	(　)
10	就	(　)	(　)
11	希	(　)	(　)
12	勤	(　)	(　)
13	展	(　)	(　)
14	臓	(　)	(　)
15	誕	(　)	(　)
16	陛	(　)	(　)
17	拡	(　)	(　)
18	論	(　)	(　)
19	宝	(　)	(　)
20	派	(　)	(　)
21	権	(　)	(　)
22	閣	(　)	(　)
23	若	(　)	(　)
24	脳	(　)	(　)
25	臨	(　)	(　)
26	率	(　)	(　)
27	誠	(　)	(　)

番号	漢字	何画目	総画数
28	基	（　）	（　）
29	郷	（　）	（　）
30	張	（　）	（　）
31	域	（　）	（　）
32	糖	（　）	（　）
33	難	（　）	（　）
34	曲	（　）	（　）
35	版	（　）	（　）
36	寄	（　）	（　）

番号	漢字	何画目	総画数
37	職	（　）	（　）
38	再	（　）	（　）
39	確	（　）	（　）
40	看	（　）	（　）
41	断	（　）	（　）
42	罪	（　）	（　）
43	導	（　）	（　）
44	集	（　）	（　）
45	銭	（　）	（　）

番号	漢字	何画目	総画数
46	属	（　）	（　）
47	厳	（　）	（　）
48	構	（　）	（　）
49	我	（　）	（　）
50	推	（　）	（　）
51	困	（　）	（　）

ワンポイント

● **まちがえやすい部首の画数**

乙（1）　匚（2）　女（3）　子（3）
己（3）　廴（3）　弓（3）　辶（3）
阝（3）　比（4）　氏（4）　片（4）
癶（5）　皮（5）　糸（6）　衣（6）
角（7）　身（7）　臣（7）　長（8）
飠（8）

漢字力がつく

画数をどのようにして数えるのかというと、**筆順が基準**になります。画数を数えるときの注意点は、**ひとつづきに書く線**は、**一画**として数えるということです。

25 漢字と送りがな ①

——送りがなの基本原則を理解する

合　格	もう一歩	がんばれ
(48〜34)	(33〜25)	(24〜　)

得点

● 次の——線のカタカナの部分を漢字一字と送りがな(ひらがな)になおして(　)の中に書きなさい。

〈例〉 旅行者に道をオシエル。(教える)

□ 1 国によって食事の習慣がコトナル。(　)
□ 2 給油所でガソリンをオギナウ。(　)
□ 3 文字のアヤマリに気づかなかった。(　)
□ 4 鉄骨が建物をササエル。(　)
□ 5 父の考えにシタガウ。(　)
□ 6 両方の言い分を聞いて公平にサバク。(　)
□ 7 母にたのまれた用事をワスレル。(　)
□ 8 税金をオサメルのは国民の義務だ。(　)
□ 9 花だんの雑草を取りノゾク。(　)
□ 10 休日は友人をタズネル。(　)
□ 11 新年の日の出をオガム。(　)
□ 12 アタタカイ春の日ざしを受ける。(　)

□ 13 宿題をスマセてから遊ぶ。(　)
□ 14 人の欠点をサガスのはやめよう。(　)
□ 15 ごみをふくろに入れてステル。(　)
□ 16 仏様にソナエル花を買う。(　)
□ 17 兄と背の高さをクラベル。(　)
□ 18 夜道の一人歩きはアブナイ。(　)
□ 19 台所で野菜をキザム音がする。(　)
□ 20 雨雲が低くタレル。(　)
□ 21 意見がよく出て話し合いがノビル。(　)
□ 22 夕日が周囲の山々を赤くソメル。(　)
□ 23 湖面にウツル山の姿が美しい。(　)
□ 24 線路にソッテ歩く。(　)
□ 25 終点で乗客全員をオロス。(　)

□ 26 劇の様子をビデオにオサメル。（　　）

□ 27 電車のダイヤが大はばにミダレル。（　　）

□ 28 台所で茶わんのワレル音がした。（　　）

□ 29 親が外出をミトメル。（　　）

□ 30 ムズカシイ問題を解く。（　　）

□ 31 合唱祭にソナエて練習する。（　　）

□ 32 拾ったさいふを交番にトドケル。（　　）

□ 33 年をとっても健康をタモツ。（　　）

□ 34 本堂にイタル道は急な石段が続く。（　　）

□ 35 みつばちが花にムラガル。（　　）

□ 36 冷たい水で足をアラウ。（　　）

□ 37 弟の言っていることはウタガワシイ。（　　）

□ 38 墓参して祖先をウヤマウ。（　　）

□ 39 決勝戦を前にフルイ立つ。（　　）

□ 40 風を切って走るとココロヨイ。（　　）

□ 41 山中で水道がなくてコマル。（　　）

□ 42 病気の妹にタエズつきそう。（　　）

□ 43 夏も雪をイタダイている山がある。（　　）

□ 44 弟との身長の差がチヂマル。（　　）

□ 45 目をトジルと物語の場面がうかぶ。（　　）

□ 46 兄は来年から市役所にツトメル。（　　）

□ 47 父はケワシイ顔つきで弟に注意した。（　　）

□ 48 寒さがいちだんとキビシクなった。（　　）

ワンポイント

● 送りがなの基本原則を理解する

活用のある（語形が変化する）語は活用語尾（ごび）（変化する部分）を送る。

動詞なら「書く」「生きる」「考える」のように、形容詞なら「寒い」「高い」のように送るということです。

ただし、「美しい」のような「しい」で終わる形容詞は「し」から送ります。

漢字力がつく

送りがなは訓読みの力を問われます。つまり、活用がある語の**語幹**（変化しない部分）を正しく理解していることが大切です。

26 漢字と送りがな ②

――漢字の読み方によって送りがなのつけ方が異なる

合格（48〜34）　もう一歩（33〜25）　がんばれ（24〜　）　得点

● 次の――線のカタカナの部分を漢字一字と送りがな（ひらがな）になおして（　）の中に書きなさい。

〈例〉旅行者に道をオシエル。（教える）

1 地域の老人をマネイて交流会を開く。（　）
2 会場の戸じまりをマカセたよ。（　）
3 兄は大学で生物学をオサメル。（　）
4 ヒサシぶりに祖父の家へ行った。（　）
5 赤の絵の具に黒がマザル。（　）
6 サルがおりの中でアバレル。（　）
7 祖父はマズシイ中で勉強を続けた。（　）
8 トウトイ命を大切にする。（　）
9 教室に詩の投こう箱をモウケル。（　）
10 全力で助走してイキオイよく飛ぶ。（　）
11 最近弟はわたしによくサカラウ。（　）
12 祖父の法事をお寺でイトナム。（　）
13 疲（つか）れハテタ顔をしている。（　）
14 強風で温室のビニールがヤブレル。（　）
15 山の上に月がアラワレル。（　）
16 オサナイ子の手を引いて歩く。（　）
17 そんなに自分をセメルことはない。（　）
18 案内人が見学者をミチビク。（　）
19 駅前通りに店をカマエル。（　）
20 採集したトンボを虫ピンでトメル。（　）
21 民話を表情ユタカニ語る。（　）
22 子供会の司会をツトメル。（　）
23 ハイキングのと中で道にマヨウ。（　）
24 ねんざした足首がイタイ。（　）
25 友人のさそいをコトワル。（　）

□ 26 アマリのある割り算を弟に教える。（　　）

□ 27 今日のテストは意外にヤサシカッタ。（　　）

□ 28 ぼくはサッカー選手をココロザス。（　　）

□ 29 仕事にナレルまで三年かかった。（　　）

□ 30 音楽の研究に情熱をモヤス。（　　）

□ 31 季節はウツリ変わる。（　　）

□ 32 親類のもとに身をヨセル。（　　）

□ 33 名かんとくがチームをヒキイル。（　　）

□ 34 一度やんだ雪がフタタビ強くなる。（　　）

□ 35 自分の考えをはっきりノベル。（　　）

□ 36 異論をトナエル人が続出した。（　　）

□ 37 朝食後タダチニ出発する。（　　）

□ 38 荷物をアズケ、博物館を見学する。（　　）

□ 39 熱をサマス薬を飲ませる。（　　）

□ 40 食器をナラベルのを手伝う。（　　）

□ 41 矢でけものをイル。（　　）

□ 42 畑をよくタガヤシて種をまく。（　　）

□ 43 カレンダーで祝日をタシカメル。（　　）

□ 44 冬の日はクレルのが早い。（　　）

□ 45 サラダを食器にモル。（　　）

□ 46 話し合いを重ねて戦争をフセグ。（　　）

□ 47 要求をシリゾケルことになった。（　　）

□ 48 大雨で川の流れがハゲシクなる。（　　）

ワンポイント

● **送りがなは訓読みの力を問われる**

送りがなの問題では、どれだけ漢字の訓読みを理解しているかがポイントになってきます。つまり、動詞や形容詞など、活用がある語の語幹(変化しない部分)を正しく理解していることが重要です。例えば、「起」の字の場合、「起きる」「起こす」とあり、文章中の意味によって、送りがなを的確に選ばなければなりません。

漢字力がつく

送りがなの出題は、内閣告示の「送り仮名の付け方」がよりどころとなっています。とくに「**単独の語**」における「**活用のある語**」の部分が大切です。

実戦模擬テスト (1)

答えには、常用漢字の旧字体や表外漢字および常用漢字音訓表以外の読みを使ってはいけない。

時間 60分　合格点 140/200　得点

(一) 次の――線の漢字の読みをひらがなで書きなさい。 (20) 1×20

1 広場で人権の尊重をうったえる。（　　）
2 友達から雪祭りの便りが届く。（　　）
3 今年も街路樹が色づき始めた。（　　）
4 夏休みには存分に読書をしたい。（　　）
5 書店でこん虫の図鑑(かん)を探した。（　　）
6 人工衛星で宇宙の神秘をさぐる。（　　）
7 さけが川をさかのぼって卵をうむ。（　　）
8 母が兄弟げんかを裁いてくれた。（　　）
9 税金について国会で論議された。（　　）

(二) 次の漢字の部首と部首名を後の□の中から選び、記号で答えなさい。 (10) 1×10

〈例〉 組　部首〔う〕　部首名（ク）

	部首	部首名
憲	〔1〕	（2）
閣	〔3〕	（4）
痛	〔5〕	（6）
遺	〔7〕	（8）
誌	〔9〕	（10）

あ ノ　い 辶　う 糸　え 土
お 心　か 宀　き 門　く 言
け 罒　こ 疒

(四) 次の――線のカタカナの部分を漢字一字と送りがな(ひらがな)になおしなさい。 (10) 2×5

〈例〉 質問にコタエル。（答える）

1 運動の後に手と顔をアラウ。（　　）
2 この川の上流はハゲシイ流れだ。（　　）
3 花だんの雑草を取りノゾク。（　　）
4 会費を期日までにオサメル。（　　）
5 西の山ぎわが赤くソマル。（　　）

(五) 漢字の読みには音と訓があります。次の熟語の読みは□の中のどの組み合わせになっていますか。ア〜エの記号で答えなさい。 (20) 2×10

ア 音と音　イ 音と訓
ウ 訓と訓　エ 訓と音

10 駅から美術館までの片道を歩いた。（　）
11 合格祝いに万年筆を頂いた。（　）
12 妹の誕生を家族で祝う。（　）
13 寺の山門は午後五時に閉まる。（　）
14 国連に加盟している国は多い。（　）
15 真夏の強い日光が目を射る。（　）
16 悪天候のためスキー教室は延期された。（　）
17 家族で紅葉の名所を訪ねる。（　）
18 神社の前で先生の指示に従う。（　）
19 町の伝統芸能を存続させる。（　）
20 試合に負けて期待を裏切った。（　）

ア しんにょう・しんにゅう
イ おいかんむり・おいがしら
ウ こころ　エ やまいだれ
オ ごんべん　カ ひ　キ ちから
ク いとへん　ケ もんがまえ
コ とらがしら・とらかんむり

(三) 次の漢字の**太い画**のところは**筆順の何画目**か、また**総画数は何画**か、**算用数字**（1、2、3、…）で書きなさい。(10) 1×10

〈例〉布　何画目（1）　総画数（5）

漢字	何画目	総画数
脳	1（　）	2（　）
推	3（　）	4（　）
晩	5（　）	6（　）
装	7（　）	8（　）
系	9（　）	10（　）

1 筋道（　）
2 道順（　）
3 番組（　）
4 拡張（　）
5 若葉（　）
6 警笛（　）
7 若者（　）
8 手製（　）
9 基本（　）
10 役割（　）

(六) 次の**カタカナ**を**漢字**になおし、**一字**だけ書きなさい。(20) 2×10

1 防災対**サク**（　）
2 **カブ**式会社（　）
3 **ユウ**便配達（　）
4 技術**カク**新（　）
5 質**ギ**応答（　）
6 **タク**地造成（　）
7 器楽合**ソウ**（　）
8 油断大**テキ**（　）
9 応急**ショ**置（　）
10 栄養**ホ**給（　）

(七)

後の□の中のひらがなを漢字になおして、**対義語**(意味が反対や対になることば)と、**類義語**(意味がよく似たことば)を書きなさい。□の中のひらがなは**一度だけ**使い、**漢字一字**を書きなさい。

(20) 2×10

対義語

1 寒冷―温(　)
2 子孫―先(　)
3 義務―(　)利
4 外出―帰(　)
5 不和―円(　)

類義語

6 他界―死(　)
7 有名―(　)名
8 自立―(　)立
9 改良―改(　)
10 帰省―帰(　)

きょう・けん・ぜん・ぞ・たく
だん・ちょ・どく・ぼう・まん

(九)

漢字を二字組み合わせた熟語では、二つの漢字の間に意味の上で、次のような関係があります。

(20) 2×10

ア 反対や対になる意味の字を組み合わせたもの。(例…**上下**)
イ 同じような意味の字を組み合わせたもの。(例…**森林**)
ウ 上の字が下の字の意味を説明(修飾)しているもの。(例…**漢字**)
エ 下の字から上へ返って読むと意味がよくわかるもの。(例…**出題**)
オ 上の字が下の字の意味を打ち消しているもの。(例…**不信**)

次の**熟語**は、右のア～オのどれにあたるか、**記号**で答えなさい。

1 停止(　)
2 問答(　)
3 難題(　)
4 不要(　)
5 植樹(　)
6 乗降(　)
7 負傷(　)
8 半減(　)
9 損失(　)
10 閉幕(　)

(十)

次の――線の**カタカナ**を**漢字**になおしなさい。

(40) 2×20

1 図書館で借りた**スイリ**小説を読む。(　)
2 小枝から雪解けのしずくが**タ**れる。(　)
3 館内に**テンジ**された絵巻物を見る。(　)
4 店頭で新製品の**センデン**をしている。(　)
5 田植えが予定より早く**ス**んだ。(　)
6 正しい**ケイゴ**の使い方を学ぶ。(　)
7 観客の応援で選手が**フル**い立った。(　)
8 とれたてのイチゴをかごに**モ**る。(　)
9 失敗をすなおに**ミト**めてやり直す。(　)

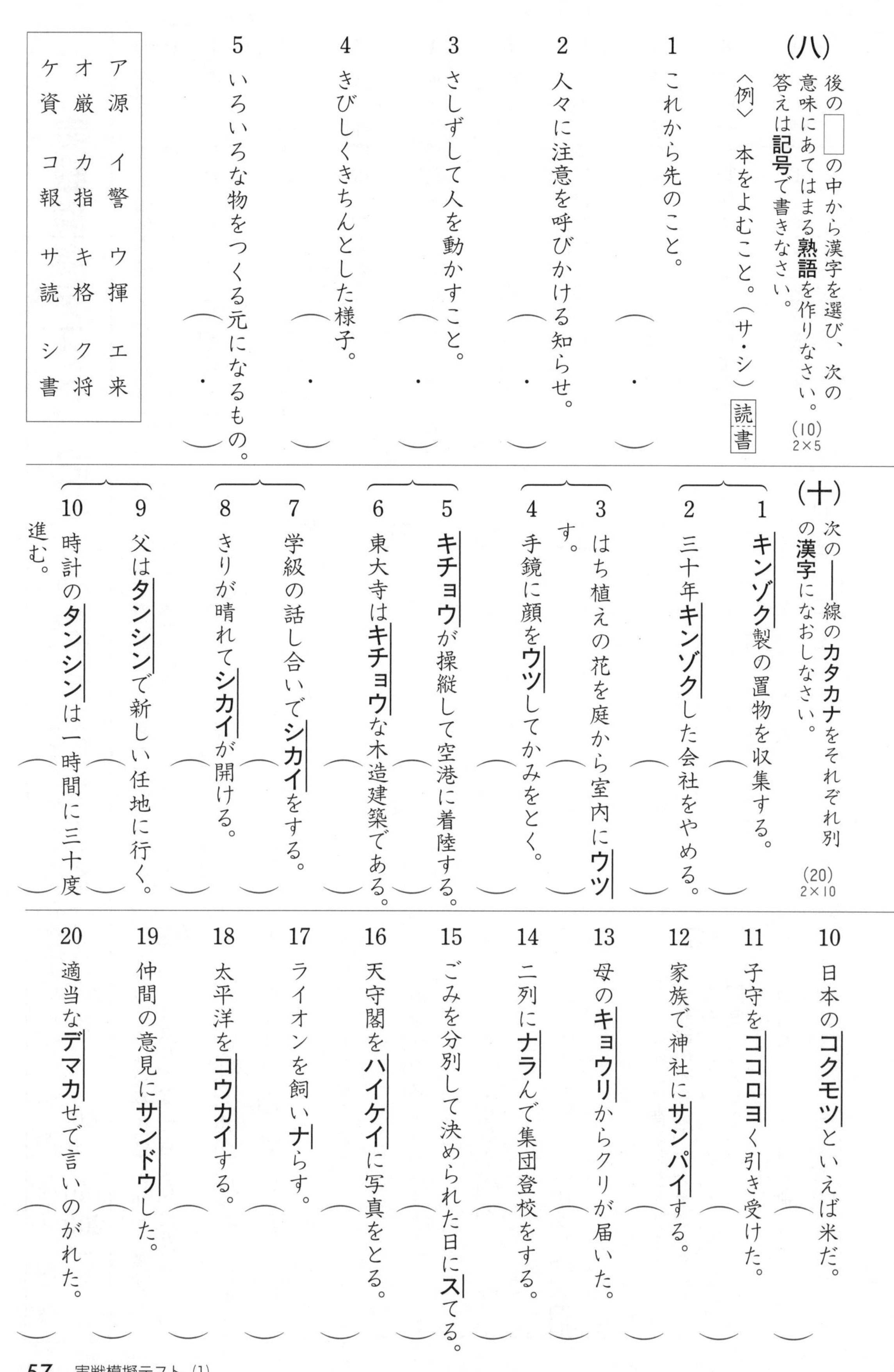

（八） 後の□の中から漢字を選び、次の意味にあてはまる**熟語**を作りなさい。答えは**記号**で書きなさい。 (10) 2×5

〈例〉 本をよむこと。（サ・シ） 読書

1 これから先のこと。（　・　）

2 人々に注意を呼びかける知らせ。（　・　）

3 さしずして人を動かすこと。（　・　）

4 きびしくきちんとした様子。（　・　）

5 いろいろな物をつくる元になるもの。（　・　）

ア 源	イ 警	ウ 揮	エ 来
オ 厳	カ 指	キ 格	ク 将
ケ 資	コ 報	サ 読	シ 書

（十） 次の――線の**カタカナ**をそれぞれ別の**漢字**になおしなさい。 (20) 2×10

1 **キンゾク**製の置物を収集する。（　）

2 三十年**キンゾク**した会社をやめる。（　）

3 はち植えの花を庭から室内に**ウツ**す。（　）

4 手鏡に顔を**ウツ**してかみをとく。（　）

5 **キチョウ**が操縦して空港に着陸する。（　）

6 東大寺は**キチョウ**な木造建築である。（　）

7 学級の話し合いで**シカイ**をする。（　）

8 きりが晴れて**シカイ**が開ける。（　）

9 父は**タンシン**で新しい任地に行く。（　）

10 時計の**タンシン**は一時間に三十度進む。（　）

10 日本の**コクモツ**といえば米だ。（　）

11 子守を**ココロヨ**く引き受けた。（　）

12 家族で神社に**サンパイ**する。（　）

13 母の**キョウリ**からクリが届いた。（　）

14 二列に**ナラ**んで集団登校をする。（　）

15 ごみを分別して決められた日に**ス**てる。（　）

16 天守閣を**ハイケイ**に写真をとる。（　）

17 ライオンを飼い**ナ**らす。（　）

18 太平洋を**コウカイ**する。（　）

19 仲間の意見に**サンドウ**した。（　）

20 適当な**デマカ**せで言いのがれた。（　）

実戦模擬テスト ⑵

答えには、常用漢字の旧字体や表外漢字および常用漢字音訓表以外の読みを使ってはいけない。

時間 60分　合格点 140/200　得点

(一)

次の——線の**漢字の読み**を**ひらがな**で書きなさい。　(20) 1×20

1 来日した大統領の身辺を警護する。（　）（　）
2 町内の運動会に奮って参加しよう。（　）
3 父の帰宅はいつもおそい。（　）
4 車内は通勤する人で込み合っていた。（　）
5 新しい知事が就任のあいさつをした。（　）
6 その行事には賛否が分かれた。（　）
7 保健室で傷の手当てを受けた。（　）
8 幼い子が野原でたこをあげている。（　）
9 川の源にようやくたどり着いた。（　）

(二)

次の漢字の**部首**と**部首名**を後の□の中から選び、**記号**で答えなさい。　(10) 1×10

〈例〉信　部首〔お〕　部首名（キ）

	部首	部首名
署	〔1〕	（2）
延	〔3〕	（4）
盟	〔5〕	（6）
装	〔7〕	（8）
刻	〔9〕	（10）

あ 皿　い 日　う 亠　え 刂
お 亻　か 罒　き 衣　く 戈
け 土　こ 廴

(四)

次の——線の**カタカナ**の部分を**漢字一字と送りがな（ひらがな）**になおしなさい。　(10) 2×5

〈例〉質問にコタエル。（答える）

1 窓ガラスのワレル音がした。（　）
2 不要なメモをステル。（　）
3 ごみをヘラスよう努力する。（　）
4 法律で争いごとをサバク。（　）
5 国によってあいさつの仕方がコトナル。（　）

(五)

漢字の読みには**音**と**訓**があります。次の**熟語の読み**は□の中のどの組み合わせになっていますか。ア〜エの**記号**で答えなさい。　(20) 2×10

ア 音と音　イ 音と訓
ウ 訓と訓　エ 訓と音

10 昼夜の寒暖の差が大きくなった。（　　）（　　）
11 食事の作法を厳しくしつける。（　　）（　　）
12 物事を軽視してはいけない。（　　）（　　）
13 息を深く吸ってはき出す。（　　）（　　）
14 昨日見た映画は実に痛快だった。（　　）（　　）
15 主人公の生き方に胸を打たれる。（　　）（　　）
16 小川に沿ってホタルが飛びかう。（　　）（　　）
17 試験では句読点も一字に数える。（　　）（　　）
18 道路の補修工事をしている。（　　）（　　）
19 初雪を頂いた山々をながめる。（　　）（　　）
20 ホタルが神秘的な光を放つ。（　　）（　　）

ア なべぶた・けいさんかんむり
イ あみがしら・あみめ・よこめ
ウ ほこづくり・ほこがまえ
エ つち　オ ひ　カ えんにょう
キ にんべん　ク ころも
ケ りっとう　コ さら

(三)

次の漢字の**太い画**のところは**筆順の何画目**か、また**総画数は何画**か、**算用数字**（1、2、3、…）で答えなさい。

(10) 1×10

〈例〉 布　何画目（1）　総画数（5）

漢字	何画目	総画数
奮	1（　）	2（　）
我	3（　）	4（　）
将	5（　）	6（　）
探	7（　）	8（　）
認	9（　）	10（　）

1 規律（　）（　）
2 仕事（　）（　）
3 麦茶（　）（　）
4 背中（　）（　）
5 温泉（　）（　）
6 重箱（　）（　）
7 灰皿（　）（　）
8 係長（　）（　）
9 推理（　）（　）
10 湯気（　）（　）

(六)

次の**カタカナ**を**漢字**になおし、**一字だけ**書きなさい。

(20) 2×10

1 大同小**イ**（　）
2 公**シ**混同（　）
3 一進一**タイ**（　）
4 半信半**ギ**（　）
5 独立**セン**言（　）
6 賛否両**ロン**（　）
7 **カク**張工事（　）
8 高**ソウ**建築（　）
9 針小**ボウ**大（　）
10 複雑**コッ**折（　）

(七)

後の□の中のひらがなを漢字になおして、**対義語**（意味が反対や対になることば）と、**類義語**（意味がよく似たことば）を書きなさい。□の中のひらがなは**一度だけ**使い、**漢字一字**を書きなさい。

(20) 2×10

対義語

1 地味―（　）手
2 故意―（　）失
3 順境―（　）境
4 目的―手（　）
5 公海―（　）海

類義語

6 感心―感（　）
7 助言―忠（　）
8 重視―（　）重
9 反対―（　）議
10 失神―気（　）

い・か・ぎゃっ・こく・ぜつ
そん・だん・は・ぷく・りょう

(九)

漢字を二字組み合わせた熟語では、二つの漢字の間に意味の上で、次のような関係があります。

(20) 2×10

ア　反対や対になる意味の字を組み合わせたもの。（例…**上下**）
イ　同じような意味の字を組み合わせたもの。（例…**森林**）
ウ　上の字が下の字の意味を説明（修飾）しているもの。（例…**漢字**）
エ　下の字から上へ返って読むと意味がよくわかるもの。（例…**出題**）
オ　上の字が下の字の意味を打ち消しているもの。（例…**不信**）

次の**熟語**は、右のア～オのどれにあたるか、**記号**で答えなさい。

1 興亡（　）
2 立腹（　）
3 禁止（　）
4 縦横（　）
5 胸囲（　）
6 絹糸（　）
7 未定（　）
8 温暖（　）
9 育児（　）
10 善悪（　）

(十)

次の――線の**カタカナ**を**漢字**になおしなさい。

(40) 2×20

1 オリンピックの**セイカ**が入場した。（　）
2 川の**リュウイキ**に平野が広がる。（　）
3 野菜をよく**アラ**ってから調理する。（　）
4 ベランダにふとんを**ホ**す。（　）
5 幹線道路が**スンダン**された。（　）
6 **ワカモノ**が力強くたいこを打つ。（　）
7 被災地に仮設**ジュウタク**が建った。（　）
8 まぶたの**ウラ**に母の姿がうかぶ。（　）
9 街を歩いて**キケン**な場所を点検する。（　）

(八) 後の□の中から漢字を選び、次の意味にあてはまる**熟語**を作りなさい。答えは**記号**で書きなさい。 (10) 2×5

〈例〉 本をよむこと。(サ・シ) 読書

1 なまえが広く知れわたっていること。(・)

2 そのものが持っているねうち。(・)

3 はじめてつくり出すこと。(・)

4 意見を述べ合うこと。(・)

5 気持ちが高ぶること。(・)

ア 作	イ 値	ウ 著	エ 議
オ 奮	カ 興	キ 名	ク 討
ケ 価	コ 創	サ 読	シ 書

(十) 次の——線の**カタカナ**をそれぞれ別の**漢字**になおしなさい。 (20) 2×10

1 家族でミュージカルを**カンゲキ**した。( )

2 先ぱいのはげましの言葉に**カンゲキ**した。( )

3 草木が地中に**ネ**を張る。( )

4 寺での修行に**ネ**を上げる。( )

5 **セイトウ**の代表が集まる。( )

6 計算テストで全問**セイトウ**だった。( )

7 画家が日本画の**タイサク**を仕上げる。( )

8 水害に備えて**タイサク**を練る。( )

9 赤組が**シュウシ**先行している。( )

10 家計の**シュウシ**を計算する。( )

10 明日までに**カナラ**ずやります。( )

11 人間の**ズノウ**が科学技術を進歩させた。( )

12 **アヤマ**った考えを正す。( )

13 三角形の底辺に**スイチョク**な線を引く。( )

14 公園の**イタ**る所にツツジがさいている。( )

15 ぬい針の**アナ**に細い糸を通す。( )

16 乗車する前に駅の売店で**ザッシ**を買う。( )

17 目を**ト**じて音楽を聴(き)く。( )

18 茶を**サ**まして飲む。( )

19 かれはとても**ジュンシン**な人です。( )

20 **コウテツ**を使い橋を建設する。( )

実戦模擬テスト ⑶

答えには、常用漢字の旧字体や表外漢字および常用漢字音訓表以外の読みを使ってはいけない。

時間	合格点	得点
60分	140/200	

(一) 次の――線の**漢字の読み**を**ひらがな**で書きなさい。 (20) 1×20

1 パソコンを操作してメールを送る。（　　）（　　）

2 床(とこ)の間に宝船の置物をかざる。（　　）（　　）

3 松の切り株の年輪をかぞえる。（　　）（　　）

4 音楽会で器楽合奏の指揮をとる。（　　）（　　）

5 それは私の本です。（　　）（　　）

6 精神的な苦痛にたえぬいた。（　　）（　　）

7 未知の世界を探検する人になりたい。（　　）（　　）

8 けんかになった訳を正直に母に話す。（　　）（　　）

9 規律正しい生活を送ろう。（　　）（　　）

(二) 次の漢字の**部首**と**部首名**を後の□の中から選び、**記号**で答えなさい。 (10) 1×10

〈例〉語　部首（か）　部首名（コ）

漢字	部首	部首名
創	1	2
届	3	4
宗	5	6
熟	7	8
我	9	10

あ 尸　い 田　う 戈　え 灬
お 二　か 言　き 八　く 宀
け 刂　こ 扌

(四) 次の――線の**カタカナ**の部分を**漢字一字と送りがな(ひらがな)**になおしなさい。 (10) 2×5

〈例〉質問にコタエル。（答える）

1 神社で手を合わせてオガム。（　　）

2 日がクレルのが早くなった。（　　）

3 野球チームの欠員をオギナウ。（　　）

4 オサナイ子がにっこり笑う。（　　）

5 今日はとてもアタタカイ。（　　）

(五) 漢字の読みには**音**と**訓**があります。次の**熟語の読み**は□の中のどの組み合わせになっていますか。ア～エの**記号**で答えなさい。 (20) 2×10

ア 音と音　イ 音と訓
ウ 訓と訓　エ 訓と音

10 公衆道徳について話し合う。（　　）
11 給食の前に手を洗う。（　　）
12 道徳の時間に命の尊さを学んだ。（　　）
13 文化祭の役割分担を決める。（　　）
14 針に糸を通してボタンを付ける。（　　）
15 入場者は約三万人と推定される。（　　）
16 ふとん着てねたる姿や東山（ひがしやま）（　　）
17 この地図は縮尺五万分の一だ。（　　）
18 競技会の様子をビデオに収める。（　　）
19 ドラマに引きこまれて我を忘れる。（　　）
20 官庁を移転する計画がある。（　　）

ア に	イ うかんむり
ウ りっとう	エ てへん
オ ほこづくり・ほこがまえ	カ かばね・しかばね
キ ひとやね	ク た
ケ れんが・れっか	コ ごんべん

(三)

次の漢字の**太い画**のところは**筆順の何画目**か、また**総画数は何画**か、**算用数字**（1、2、3、…）で答えなさい。 (10) 1×10

〈例〉 布　何画目（1）　総画数（5）

漢字	何画目	総画数
陛	1（　）	2（　）
訪	3（　）	4（　）
党	5（　）	6（　）
権	7（　）	8（　）
聖	9（　）	10（　）

1 無口（　　）
2 宗教（　　）
3 穴場（　　）
4 派手（　　）
5 憲法（　　）
6 仏様（　　）
7 格安（　　）
8 手配（　　）
9 潮風（　　）
10 批評（　　）

(六)

次の**カタカナ**を**漢字**になおし、**一字**だけ書きなさい。 (20) 2×10

1 晴コウ雨読（　　）
2 朝令ボ改（　　）
3 カタ側通行（　　）
4 学習意ヨク（　　）
5 暴風ケイ報（　　）
6 ユウ先順位（　　）
7 社会保ショウ（　　）
8 明ロウ快活（　　）
9 国際親ゼン（　　）
10 リン時休業（　　）

(七) 後の□の中のひらがなを漢字になおして、**対義語**(意味が反対や対になることば)と、**類義語**(意味がよく似たことば)を書きなさい。□の中のひらがなは**一度だけ**使い、**漢字一字**を書きなさい。

(20) 2×10

対義語

1 短縮―(　)長
2 事実―想(　)
3 公開―(　)密
4 節食―(　)食
5 容易―困(　)

類義語

6 開演―開(　)
7 勝負―(　)合
8 役者―俳(　)
9 価格―(　)段
10 自分―自(　)

えん・こ・し・ぞう・なん
ね・ひ・ぼう・まく・ゆう

(九) 漢字を二字組み合わせた熟語では、二つの漢字の間に意味の上で、次のような関係があります。

(20) 2×10

ア 反対や対になる意味の字を組み合わせたもの。(例…**上下**)
イ 同じような意味の字を組み合わせたもの。(例…**森林**)
ウ 上の字が下の字の意味を説明(修飾)しているもの。(例…**漢字**)
エ 下の字から上へ返って読むと意味がよくわかるもの。(例…**出題**)
オ 上の字が下の字の意味を打ち消しているもの。(例…**不信**)

次の**熟語**は、右のア〜オのどれにあたるか、**記号**で答えなさい。

1 救助(　)
2 未熟(　)
3 往復(　)
4 養蚕(　)
5 重傷(　)
6 忘恩(　)
7 公私(　)
8 帰宅(　)
9 尊敬(　)
10 班長(　)

(十) 次の――線の**カタカナ**を**漢字**になおしなさい。

(40) 2×20

1 コップの水を一気に飲み**ホ**す。(　)
2 身軽な**フクソウ**で散歩に出かける。(　)
3 **ムズカ**しい問題がようやく解けた。(　)
4 説明を聞いて**ギモン**が解けた。(　)
5 朝起きると山の**イタダキ**が白かった。(　)
6 満月が静かな湖面に**ウツ**っている。(　)
7 車内でお年寄りに**ザセキ**をゆずる。(　)
8 兄は自転車の**コショウ**を直してくれた。(　)
9 きれいな**シミズ**がわき出ている。(　)

(八) 後の［　］の中から漢字を選んで、次の意味にあてはまる**熟語**を作りなさい。答えは**記号**で書きなさい。 (10) 2×5

〈例〉 本をよむこと。（サ・シ） 読書

1 まじめで心のこもっていること。（　・　）

2 物事の仕組みの大きさ。（　・　）

3 ほしいと願う気持ち。（　・　）

4 政治や会社などの中心となる人。（　・　）

5 ほんの少しまえ。（　・　）

ア 前　イ 誠　ウ 望　エ 模
オ 寸　カ 欲　キ 脳　ク 規
ケ 実　コ 首　サ 読　シ 書

(十) 次の――線の**カタカナ**をそれぞれ別の**漢字**になおしなさい。 (20) 2×10

1 銀行で**ゲンキン**を引き出す。（　）

2 土足での入場は**ゲンキン**されている。（　）

3 被(ひ)災者に毛布が**シキュウ**された。（　）

4 母は**シキュウ**の用事で帰宅した。（　）

5 ケーキを**トウブン**して皿に盛る。（　）

6 サトウキビは**トウブン**を多くふくむ。（　）

7 パリに**ス**むおじに手紙を出した。（　）

8 そうじが**ス**んだ後、うがいをする。（　）

9 物語は六月号で**カンケツ**する。（　）

10 読後の感想を**カンケツ**に話す。（　）

10 焼きそばに**ベニ**しょうがをのせる。（　）

11 限りある天然**シゲン**を大切にする。（　）

12 公園に**ス**てられた空きかんを拾う。（　）

13 落ち葉を燃やした後の**ハイ**を始末する。（　）

14 二階の**マドベ**に美しい花をかざる。（　）

15 **テツボウ**で逆上がりの練習をする。（　）

16 少子化は**シンコク**な問題である。（　）

17 文化財の**ホゾン**は大切な仕事だ。（　）

18 父はまるで知識の**イズミ**だ。（　）

19 となりの国との国交を**ジュリツ**した。（　）

20 遠くで友達の**ヨ**ぶ声がする。（　）

実戦模擬テスト ⑷

答えには、常用漢字の旧字体や表外漢字および常用漢字音訓表以外の読みを使ってはいけない。

時間 60分　合格点 140/200　得点

(一)
次の――線の**漢字の読み**を**ひらがな**で書きなさい。 (20) 1×20

1 試合で実力を発揮した。（　）（　）
2 毎晩、時間を決めて読書をする。（　）（　）
3 学校と地域が協力し安全を守る。（　）（　）
4 失敗は成功に至る道だ。（　）（　）
5 蒸気機関車がけむりをはいて走る。（　）（　）
6 静かな池につり糸を垂らす。（　）（　）
7 国王の臨席をたまわった。（　）（　）
8 試合は後半に盛り上がった。（　）（　）
9 子どもの純真な心にひかれる。（　）（　）

(二)
次の漢字の**部首**と**部首名**を後の□の中から選び、**記号**で答えなさい。 (10) 1×10

〈例〉快　部首〔け〕　部首名（ア）

	部首	部首名
庁	〔1〕	（2）
染	〔3〕	（4）
頂	〔5〕	（6）
裏	〔7〕	（8）
著	〔9〕	（10）

あ 木　い 亠　う 艹　え 頁
お 氵　か 衣　き 日　く 广
け 忄　こ 八

(四)
次の――線の**カタカナ**の部分を**漢字一字と送りがな（ひらがな）**になおしなさい。 (10) 2×5

〈例〉質問にコタエル。（答える）

1 スクナイ予算でやりくりする。（　）
2 目をトジルと物語の場面がうかぶ。（　）
3 休みが続いて生活がミダレル。（　）
4 歯がイタイので学校を休んだ。（　）
5 銀行の支店にツトメル。（　）

(五)
漢字の読みには**音**と**訓**があります。次の**熟語の読み**は□の中のどの組み合わせになっていますか。ア〜エの**記号**で答えなさい。 (20) 2×10

ア 音と音　イ 音と訓
ウ 訓と訓　エ 訓と音

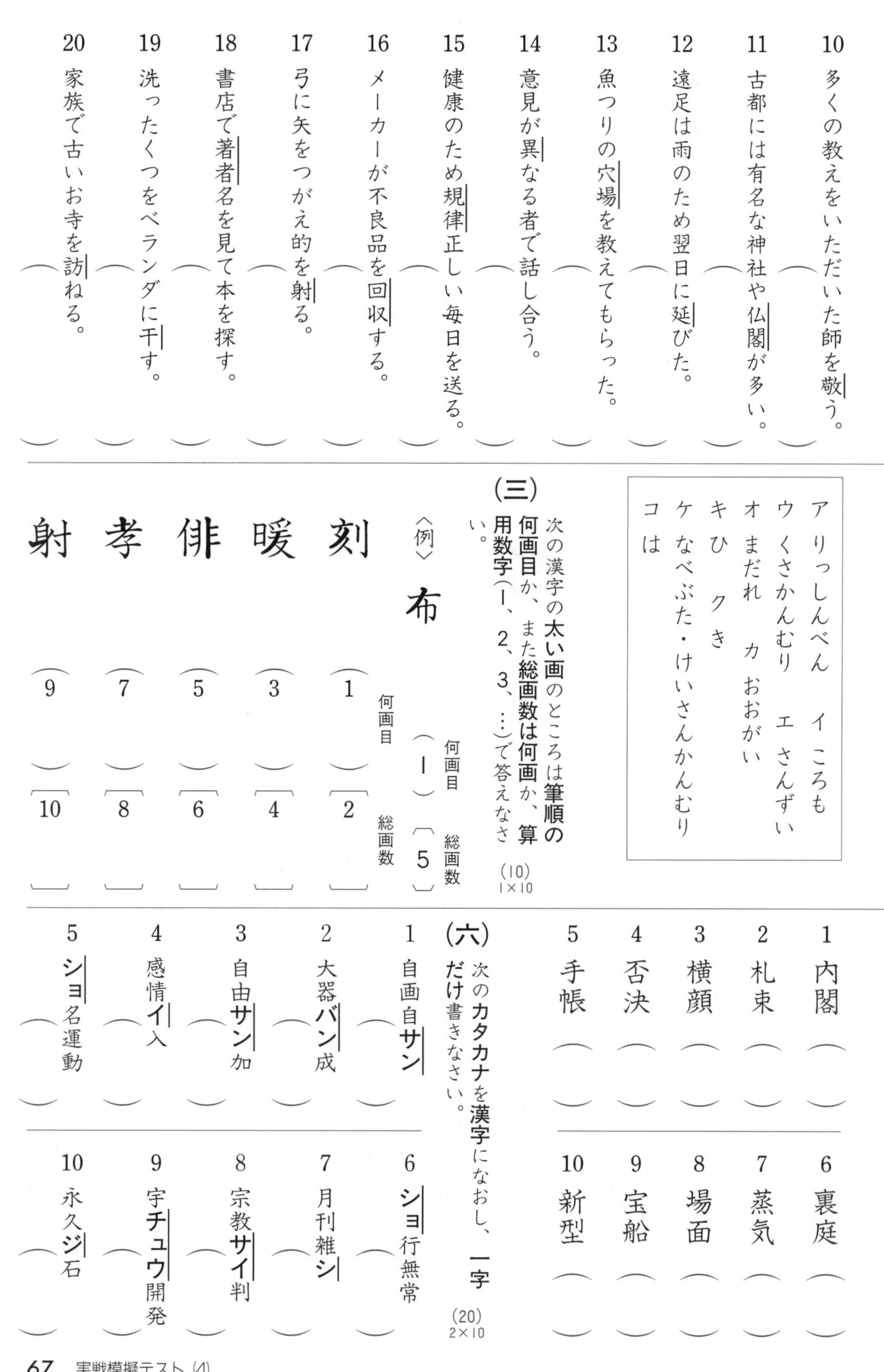

10 多くの教えをいただいた師を敬う。（　　）

11 古都には有名な神社や仏閣が多い。（　　）

12 遠足は雨のため翌日に延びた。（　　）

13 魚つりの穴場を教えてもらった。（　　）

14 意見が異なる者で話し合う。（　　）

15 健康のため規律正しい毎日を送る。（　　）

16 メーカーが不良品を回収する。（　　）

17 弓に矢をつがえ的を射る。（　　）

18 書店で著者名を見て本を探す。（　　）

19 洗ったくつをベランダに干す。（　　）

20 家族で古いお寺を訪ねる。（　　）

ア りっしんべん　イ ころも
ウ くさかんむり　エ さんずい
オ まだれ　カ おおがい
キ ひ　ク き
ケ なべぶた・けいさんかんむり
コ は

(三)

次の漢字の**太い画**のところは**筆順の何画目**か、また**総画数は何画**か、**算用数字**（1、2、3、…）で答えなさい。 (10) 1×10

〈例〉 布　何画目（1）　総画数（5）

漢字	何画目	総画数
刻	1（　）	2（　）
暖	3（　）	4（　）
俳	5（　）	6（　）
孝	7（　）	8（　）
射	9（　）	10（　）

1 内閣（　　）
2 札束（　　）
3 横顔（　　）
4 否決（　　）
5 手帳（　　）
6 裏庭（　　）
7 蒸気（　　）
8 場面（　　）
9 宝船（　　）
10 新型（　　）

(六)

次の**カタカナ**を**漢字**になおし、**一字**だけ書きなさい。 (20) 2×10

1 自画自サン（　　）
2 大器バン成（　　）
3 自由サン加（　　）
4 感情イ入（　　）
5 ショ名運動（　　）
6 ショ行無常（　　）
7 月刊雑シ（　　）
8 宗教サイ判（　　）
9 宇チュウ開発（　　）
10 永久ジ石（　　）

(七)

後の□の中のひらがなを漢字になおして、**対義語**(意味が反対や対になることば)と、**類義語**(意味がよくにたことば)を書きなさい。□の中のひらがなは**一度だけ**使い、**漢字一字**を書きなさい。

(20) 2×10

対義語

1 安全―(　)険
2 調法―不(　)
3 整理―散(　)
4 返済―(　)用
5 禁止―許(　)

類義語

6 広告―(　)伝
7 快活―明(　)
8 進歩―発(　)
9 計略―(　)略
10 任務―役(　)

か・き・さく・しゃく・せん
てん・べん・らん・ろう・わり

(九)

漢字を二字組み合わせた熟語では、二つの漢字の間に意味の上で、次のような関係があります。

(20) 2×10

ア　反対や対になる意味の字を組み合わせたもの。(例…**上下**)
イ　同じような意味の字を組み合わせたもの。(例…**森林**)
ウ　上の字が下の字の意味を説明(修飾)しているもの。(例…**漢字**)
エ　下の字から上へ返って読むと意味がよくわかるもの。(例…**出題**)
オ　上の字が下の字の意味を打ち消しているもの。(例…**不信**)

次の**熟語**は、右のア～オのどれにあたるか、**記号**で答えなさい。

1 牛乳(　)
2 難易(　)
3 納税(　)
4 未知(　)
5 善良(　)
6 車窓(　)
7 退院(　)
8 特権(　)
9 報告(　)
10 和洋(　)

(十)

次の――線の**カタカナ**を**漢字**になおしなさい。

(40) 2×20

1 世界**イサン**に登録された古道を歩く。(　)
2 日本海流のことを**クロシオ**ともいう。(　)
3 スイセン畑を**セ**にして写真をとる。(　)
4 ゆかたを着て**オンセン**の街を歩く。(　)
5 書きぞめを先生に**ヒヒョウ**してもらう。(　)
6 ようやく日も**ク**れかかった。(　)
7 友人の家での食事に**マネ**かれる。(　)
8 長い年月を**ヘ**て完成した。(　)
9 アンカーが一位との差を**チヂ**めた。(　)

(八)

後の□の中から漢字を選び、次の意味にあてはまる**熟語**を作りなさい。答えは**記号**で書きなさい。 (10) 2×5

〈例〉 本をよむこと。(サ・シ) 読書

1 広げて大きくすること。(・)

2 生活や行いのもとになるきまり。(・)

3 生まれ育った土地。(・)

4 こみ合っていること。(・)

5 物事の始末をつけること。(・)

ア 里	イ 規	ウ 処	エ 張
オ 雑	カ 理	キ 拡	ク 郷
ケ 混	コ 律	サ 読	シ 書

(十)

次の――線の**カタカナ**をそれぞれ別の**漢字**になおしなさい。 (20) 2×10

1 姉は料理の**コウシュウ**会に参加する。( )
2 みんなが**コウシュウ**道徳を守る。( )

3 大学の兄は政治家を**シボウ**する。( )
4 去年**シボウ**した祖父の墓に参る。( )

5 台風に**ソナ**えて堤(てい)防を補強する。( )
6 花を買って仏様に**ソナ**える。( )

7 高速道路の通行は**ユウリョウ**が多い。( )
8 **ユウリョウ**な品種の果物を作る。( )

9 客が**コウカ**な宝石に見とれている。( )
10 飛行機が**コウカ**を始める。( )

10 **キンニク**をきたえる運動をする。( )

11 あの先生は英語を**センモン**に教える。( )

12 検査をして病気の**ウタガ**いがなくなった。( )

13 国会で政党の代表が**トウロン**した。( )

14 のどもと過ぎれば熱さを**ワス**れる( )

15 球界に新しいスターが**タンジョウ**する。( )

16 難民を救うためのお金を**キフ**する。( )

17 病院のぬり薬がよく**キ**いた。( )

18 読書の感想を**カンケツ**にまとめる。( )

19 プラネタリウムで冬の**セイザ**を見る。( )

20 人の生き方を**ト**いて聞かせる。( )

実戦模擬テスト ⑸

答えには、常用漢字の旧字体や表外漢字および常用漢字音訓表以外の読みを使ってはいけない。

時間 60分　合格点 140/200　得点

(一) 次の――線の漢字の読みをひらがなで書きなさい。 (20) 1×20

1 あいさつ運動をみんなで推進する。( )( )
2 父に従って険しい山道を登る。( )( )
3 祖母は茶色系統の着物が好きだ。( )( )
4 全員が呼吸を合わせボートをこぐ。( )( )
5 厳しい寒さの中で草木が芽ぶく。( )( )
6 担任の先生はスキーが得意だった。( )( )
7 箱の中の不良品を取り除く。( )( )
8 多くの国が国連に加盟している。( )( )
9 公園に捨てられたごみを拾う。( )( )

(二) 次の漢字の部首と部首名を後の□の中から選び、記号で答えなさい。 (10) 1×10

〈例〉 測　部首〔き〕　部首名（ク）

漢字	部首	部首名
論	1	2
聖	3	4
敬	5	6
査	7	8
忘	9	10

あ 攵　い 艹　う 耳　え 口
お 亠　か 言　き 氵　く 心
け 囗　こ 木

(四) 次の――線のカタカナの部分を漢字一字と送りがな(ひらがな)になおしなさい。 (10) 2×5

〈例〉 質問にコタエル。（答える）

1 雨のため遠足の日がノビル。( )
2 質問され返答にコマル。( )
3 しもがおりて大根の葉がチヂレル。( )
4 友達の誕生日に花束をトドケル。( )
5 ここで泳ぐのはアブナイ。( )

(五) 漢字の読みには音と訓があります。次の熟語の読みは□の中のどの組み合わせになっていますか。ア〜エの記号で答えなさい。 (20) 2×10

ア 音と音　イ 音と訓
ウ 訓と訓　エ 訓と音

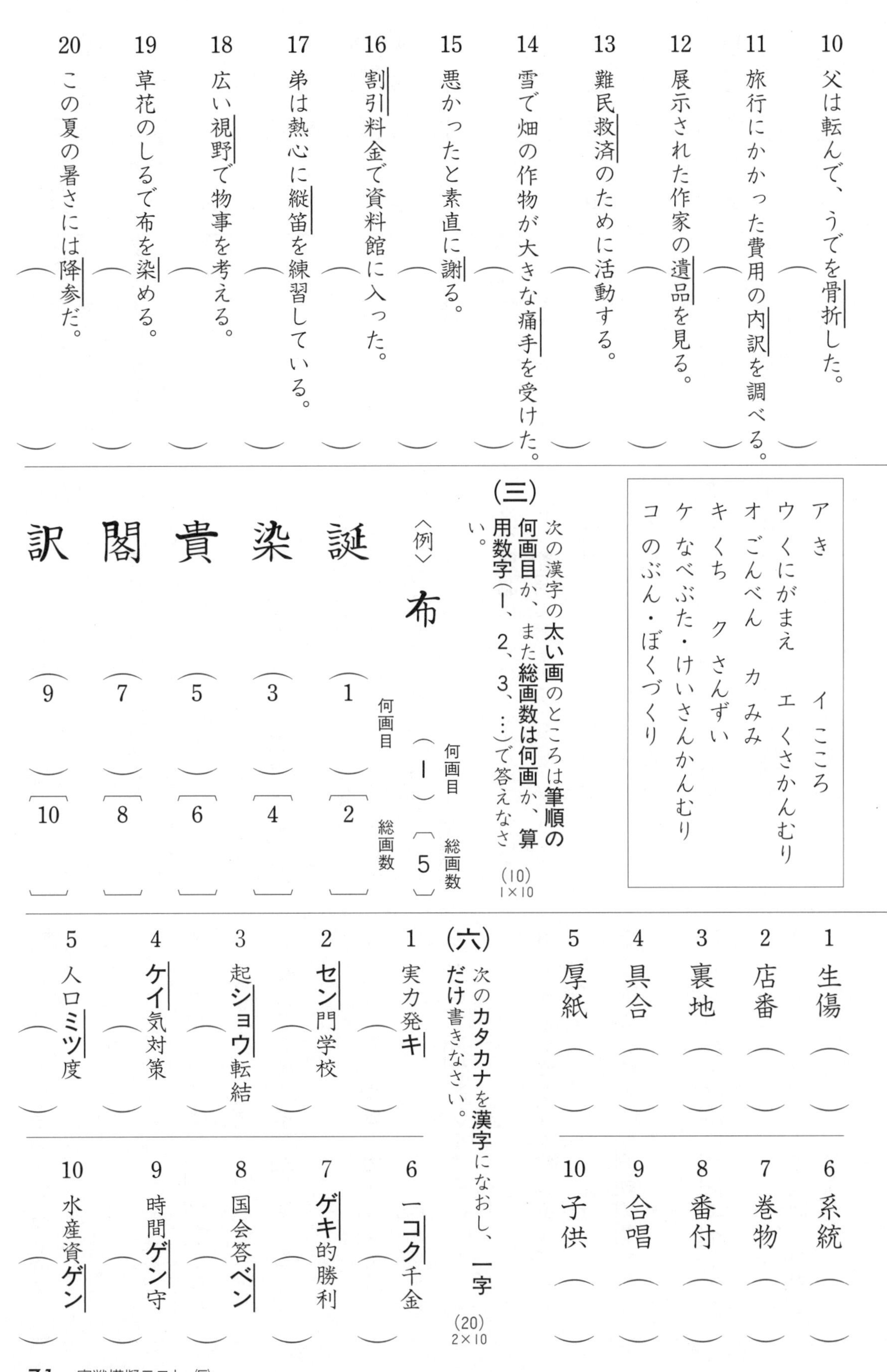

10 父は転んで、うでを骨折した。（　）
11 旅行にかかった費用の内訳を調べる。（　）
12 展示された作家の遺品を見る。（　）
13 難民救済のために活動する。（　）
14 雪で畑の作物が大きな痛手を受けた。（　）
15 悪かったと素直に謝る。（　）
16 割引料金で資料館に入った。（　）
17 弟は熱心に縦笛を練習している。（　）
18 広い視野で物事を考える。（　）
19 草花のしるで布を染める。（　）
20 この夏の暑さには降参だ。（　）

ア き　イ こころ
ウ くにがまえ　エ くさかんむり
オ ごんべん　カ みみ
キ くち　ク さんずい
ケ なべぶた・けいさんかんむり
コ のぶん・ぼくづくり

(三) 次の漢字の**太い画**のところは**筆順の何画目**か、また**総画数は何画**か、**算用数字**（1、2、3、…）で答えなさい。 (10) 1×10

〈例〉 布　何画目（1）　総画数（5）

	何画目	総画数
誕	1（　）	2（　）
染	3（　）	4（　）
貴	5（　）	6（　）
閣	7（　）	8（　）
訳	9（　）	10（　）

1 生傷（　）
2 店番（　）
3 裏地（　）
4 具合（　）
5 厚紙（　）
6 系統（　）
7 巻物（　）
8 番付（　）
9 合唱（　）
10 子供（　）

(六) 次の**カタカナ**を**漢字**になおし、**一字**だけ書きなさい。 (20) 2×10

1 実力発キ（　）
2 セン門学校（　）
3 起ショウ転結（　）
4 ケイ気対策（　）
5 人口ミツ度（　）
6 一コク千金（　）
7 ゲキ的勝利（　）
8 国会答ベン（　）
9 時間ゲン守（　）
10 水産資ゲン（　）

(七)

後の□の中のひらがなを漢字になおして、**対義語**(意味が反対や対になることば)と、**類義語**(意味がよく似たことば)を書きなさい。□の中のひらがなは**一度だけ**使い、**漢字一字**を書きなさい。

(20) 2×10

対義語

1 複雑—単(　　)
2 応答—質(　　)
3 往復—(　　)道
4 難解—平(　　)
5 水平—(　　)直

類義語

6 後方—(　　)後
7 次第(しだい)—順(　　)
8 方策—手(　　)
9 真心—(　　)意
10 用意—準(　　)

い・かた・ぎ・じゅん・じょ
すい・せい・だん・はい・び

(九)

漢字を二字組み合わせた熟語では、二つの漢字の間に意味の上で、次のような関係があります。

(20) 2×10

ア 反対や対になる意味の字を組み合わせたもの。(例…**上下**)
イ 同じような意味の字を組み合わせたもの。(例…**森林**)
ウ 上の字が下の字の意味を説明(修飾(しょく))しているもの。(例…**漢字**)
エ 下の字から上へ返って読むと意味がよくわかるもの。(例…**出題**)
オ 上の字が下の字の意味を打ち消しているもの。(例…**不信**)

次の**熟語**は、右のア〜オのどれにあたるか、**記号**で答えなさい。

1 結束(　　)
2 未刊(　　)
3 短針(　　)
4 貸借(　　)
5 清潔(　　)
6 取捨(　　)
7 乗車(　　)
8 最新(　　)
9 拝礼(　　)
10 築港(　　)

(十)

次の——線の**カタカナ**を**漢字**になおしなさい。

(40) 2×20

1 遠くの的をめがけて矢を**イ**る。(　　)
2 ショパンの名曲が**エンソウ**された。(　　)
3 母は保育所に**キンム**している。(　　)
4 友人からの手紙を**カイラン**する。(　　)
5 海岸で**スナ**遊びをする。(　　)
6 兄が船の**モケイ**を組み立てている。(　　)
7 倉庫に水と食料を**チョゾウ**する。(　　)
8 人々の声を政治に**ハンエイ**させる。(　　)
9 ストップウォッチで時間を**ハカ**る。(　　)

(八)

後の□の中から漢字を選んで、次の意味にあてはまる**熟語**を作りなさい。答えは**記号**で書きなさい。 (10) 2×5

〈例〉 本をよむこと。（サ・シ） 読書

1 見わたせるはんい。（　・　）

2 ある役目につくこと。（　・　）

3 たりないところをつけ加えること。（　・　）

4 機械などを動かして働かせること。（　・　）

5 物事をおそれない心。（　・　）

ア 胸	イ 界	ウ 操	エ 就
オ 度	カ 足	キ 任	ク 視
ケ 作	コ 補	サ 読	シ 書

(十)

次の――線の**カタカナ**をそれぞれ別の**漢字**になおしなさい。 (20) 2×10

1 席の順に**ジコ**しょうかいをする。（　）

2 この道は**ジコ**が起こって通れない。（　）

3 場面を**ソウゾウ**しながら物語を読む。（　）

4 新しい文化の**ソウゾウ**に努める。（　）

5 ばねの**キョウド**を調べる。（　）

6 **キョウド**に伝わる祭りを見る。（　）

7 力士が土俵に**シオ**をまく。（　）

8 **シオ**の引いた岩場でカニを見つけた。（　）

9 庭園では**シキ**折々の花がさく。（　）

10 先生が楽団を**シキ**した。（　）

10 初出場のチームが**ユウショウ**した。（　）

11 道路に**ソ**って針葉樹が続いている。（　）

12 けがの**ショチ**がよくて早く快復した。（　）

13 家族が交代で祖父を**カンビョウ**する。（　）

14 深夜に雪がしんしんと**フ**る。（　）

15 父は**トウブン**をひかえ目にしている。（　）

16 転んでひざにすり**キズ**を負う。（　）

17 とび箱の着地で**シセイ**がくずれる。（　）

18 本を読んで話の**スジ**をまとめる。（　）

19 **ウチュウ**旅行をしている夢を見た。（　）

20 弘法（こうぼう）にも筆の**アヤマ**り（　）

資料1

部首をまちがえやすい漢字

（部首の下の漢字は、その部首に所属する漢字で、ほかの部首にまちがえやすいもの）

画数	部首	漢字	名まえ
1	丶	主	てん
	ノ	乗 久	の・はらいぼう
	亅	事 予 争	はねぼう
2	八	具	は
	刂	前 利 則	りっとう
	力	勝 務	ちから
	十	南 卒	じゅう
	几	処	つくえ
	凵	出	うけばこ
	刀	分 初	かたな
	匕	北	ひ
	厶	去	む
	又	取 反	また
3	口	右 商 司 問 周 句	くち
	土	報 垂	つち
	夕	夜 夢	た・ゆうべ
	士	売	さむらい
	子	学 季 存	こ
	寸	寺	すん
	干	幸 幹	かん・いちじゅう
	大	天	だい
		央 奏 奮	
	巾	帰 席 常 幕	はば
	弓	弱 弟	ゆみ
4	手	挙 承	て
	攵	放 敗 整	のぶん・ぼくづくり
	斗	料	とます
	日	昼 暮	ひ
	木	楽 業 案	き
	欠	染 次	あくび・かける
5	田	申	た
	目	直 相 看	め
6	羊	美 義	ひつじ
	耳	聞 聖	みみ
	月（肉）	胃 能 背	にく（にくづき）
	衣	製 裁 裏	ころも
8	隹	集	ふるとり
9	食	養	しょく
11	鳥	鳴	とり

資料2　知っておきたい対義語・類義語（一例）

対義語

◇悪化―好転
◇安全―危険
◇運動―静止
◇延長―短縮
◇円満―不和
◇往復―片道
◇解散―集合
◇革新―保守
◇過失―故意
◇元金―利子
◇感情―理性
◇簡単―複雑
◇義務―権利
◇許可―禁止
◇形式―内容
◇原因―結果

◇健康―病気
◇現実―理想
◇減少―増加
◇原則―例外
◇困難―容易
◇賛成―反対
◇子孫―先祖
◇質疑―応答
◇失敗―成功
◇地味―派手
◇収入―支出
◇勝利―敗北
◇進行―停止
◇生産―消費
◇前進―後退
◇全体―部分

◇続行―中止
◇損害―利益
◇単純―複雑
◇着席―起立
◇定例―臨時
◇難解―平易
◇苦手―得意
◇固定―移動
◇分散―集中
◇未来―過去
◇連続―断絶
◇共同―単独
◇合成―分解
◇終着―始発
◇人工―自然
◇精神―肉体

類義語

◇赤字―損失
◇案内―先導
◇音信―消息
◇快活―明朗
◇価格―値段
◇関心―興味
◇簡単―容易
◇給料―賃金
◇気楽―安易
◇均等―一律
◇広告―宣伝
◇後方―背後
◇始末―処理
◇使命―任務
◇発行―出版
◇手段―方法

◇自習―独学
◇自由―放任
◇重視―尊重
◇常時―平素
◇助言―忠告
◇進歩―発展
◇成果―実績
◇声明―宣言
◇絶頂―最高
◇寸法―尺度
◇他界―死亡
◇短所―欠点
◇同意―賛成
◇動機―原因
◇努力―勤勉
◇日常―平素

◇反対―異議
◇判断―分別
◇副業―内職
◇不安―心配
◇便利―重宝
◇真心―誠意
◇見事―立派
◇明細―内訳
◇役者―俳優
◇友好―親善
◇陽気―快活
◇様子―状態
◇理由―原因
◇留守―不在
◇例外―特別
◇基本―根幹

資料3　同じ読みの熟語・漢字（一部5級以上の漢字・読みをふくむ）

同音異義語

◇意外・以外
◇異議・異義・意義
◇意志・意思・遺志
◇異常・異状
◇異動・移動・異同
◇運行・運航
◇衛星・衛生
◇大型・大形
◇回答・解答
◇回復・快復
◇開放・解放
◇過程・課程
◇観賞・鑑賞
◇関心・感心
◇機運・気運
◇機会・器械・機械
◇器官・気管
◇競争・競走
◇共同・協同
◇訓示・訓辞
◇群衆・群集
◇原始・原子
◇講演・公演
◇航海・公海
◇広告・公告
◇工作・耕作
◇工程・行程・航程
◇広報・公報
◇国政・国勢
◇採決・裁決
◇作成・作製
◇時期・時機
◇自制・時世・時勢・自省
◇実態・実体
◇師弟（してい）・子弟（してい）
◇自認・自任
◇辞典・事典・字典
◇周知・衆知
◇紹介（しょうかい）・照会
◇障害・傷害
◇少数・小数
◇食料・食糧（しょくりょう）
◇進路・針路
◇清算・精算・成算
◇成長・生長
◇対象・対照・対称（たいしょう）
◇体制・態勢・大勢
◇保健・保険
◇不要・不用
◇平行・並行（へいこう）
◇無情・無常
◇野性・野生
◇用件・要件

同訓異字

◇あう（会う・合う）
◇あがる（上がる・挙がる）
◇あく（開く・空く）
◇あたたかい（暖かい・温かい）
◇あつい（暑い・熱い・厚い）
◇あやまる（誤る・謝る）
◇あらわす（表す・現す・著す）
◇うつ（討つ・打つ・撃つ）
◇うつす（移す・写す・映す）
◇うまれる（生まれる・産まれる）
◇おこる（興る・怒る・起こる）
◇おさめる（納める・修める・治める・収める）
◇おりる（下りる・降りる）
◇おる（折る・織る）
◇かえる（変える・代える）
◇さます（冷ます・覚ます）
◇そなえる（備える・供える）
◇たつ（裁つ・断つ・立つ・絶つ・建つ）
◇たっとい（尊い・貴い）
◇つくる（作る・造る）
◇つとめる（努める・勤める・務める）
◇つむ（積む・詰む）
◇とく（説く・解く）
◇とまる（止まる・留まる）
◇とる（取る・採る・捕る・執る）
◇なおす（直す・治す）
◇ながい（長い・永い）
◇なく（鳴く・泣く）
◇のぞむ（臨む・望む）
◇のぼる（登る・上る）
◇はかる（量る・計る・測る・図る）
◇はやい（早い・速い）
◇はじめ（始め・初め）
◇まざる（混ざる・交ざる）
◇まるい（丸い・円い）
◇まわり（回り・周り）
◇やさしい（易しい・優しい）
◇やぶれる（敗れる・破れる）

メ モ

メ モ

メ モ

ひっぱると，はずして使えます。

解答編

漢字検定 5級 トレーニングノート

（×は、まちがえやすい例を示したものです。）

●2～3ページ

1 漢字の読み

1 えんどう
2 ほぞん
3 けいざい
4 たんじゅん
5 ろうどく
6 ごかい
7 ふうちょう
8 えいぞう
9 りゅういき
10 ごさつ
11 かくちょう　×こうちょう
12 しょち
13 はいかん
14 じょうそう
15 ききんぞく
16 けんとう
17 えんそう
18 こうふん
19 しや　×しの
20 かんまつ
21 ふたん
22 じょうはつ
23 しゅしゃ
24 へんのう
25 じんじゅつ
26 りこてき
27 ほうりつ
28 じょきょ
29 しょうがい
30 かいしゅう
31 いし
32 こくもつ
33 じゅうおう
34 かいそう
35 こうきょ
36 みっぺい
37 こうそうか
38 てつぼう
39 ぜんこう
40 かんけつ
41 かんご
42 てんかいず
43 はっき
44 けんぽう
45 じゅりつ
46 ゆうせん
47 じしゃく　×じせき
48 はいかつりょう
49 きぼ　×きも
50 とうぶん

●4～5ページ

2 漢字の読み

1 うちゅう
2 しょうち
3 はいご
4 ひほう
5 たんじょう
6 おんだんか
7 さんぴ
8 ぶっかく
9 うんちん
10 ひひょう
11 しげん
12 しんこく
13 ちょめい
14 しゅのう
15 きしょうちょう
16 さくばん
17 えいやく
18 たんさ
19 ちゅうじつ
20 すいてい
21 けつろん
22 つうかい
23 しゃくど
24 じょうこう
25 かめい
26 しゅうにん
27 たいさく
28 けいとう
29 ざせき
30 ぶんたん
31 こおう
32 ぶしょう
33 しょこく
34 げんしゅ
35 こっし
36 しんよう
37 せんもん
38 しょめい
39 けんばい
40 えんちょう
41 れきほう
42 ていきょう
43 そうち

●チェックしよう

▼音読み・訓読みを理解する

漢字の読みには音読みと訓読みとがあり、漢字を覚える際には、この音読みと訓読みの両方を正確に覚える必要があります。

なお、「下」（カ・ゲ・した・しも・さ〈がる〉・お〈りる〉・もと・くだ〈る〉）のように一つの漢字で複数の音読みや訓読みをするものもあります。

44 かんじゅく
45 ようじ
46 りんじ
47 ゆうそう
48 しゅっしょ
49 ちょぞう
50 へいこう

3 漢字の読み
●6～7ページ

1 はいく
2 かいかく
3 いじゃく
4 りっぱ
5 まいすう
6 こうちゃ
7 ざっし
8 ゆうたい
9 かんげき
10 まんぷく
11 そんちょう
12 げきじょう
13 しゃおん
14 ようさい
15 へいか
16 さんさく
17 せんとう
18 はいけん
19 かんしゅう
20 きゅうしゅう
21 しゅくてき
22 きけん
23 ひっし
24 せんげん
25 ぎゅうにゅう
26 けいび
27 しふく
28 はんしゃ
29 こんらん
30 どひょう
31 かいらんばん
32 ようさん
33 さんぱい
34 かんびょう
35 あんまく
36 せいとう
37 ずのう
38 どきょう
39 すんぜん
40 ぎもん
41 こうほ
42 こんなん
43 こうてつ
44 こきょう
45 いんたい
46 せんがん
47 だいちょう
48 よきん
49 ふくじゅう
50 むよく

4 漢字の読み
●8～9ページ

1 たず
2 ふる
3 みなもと ×げん
4 きざ
5 きぬ
6 さば
7 かたて
8 わけ
9 あぶ
10 くちべに
11 した
12 うやま
13 ほねみ
14 うつ
15 おが
16 はいいろ
17 あやま
18 きび
19 も
20 せなか
21 しおどき
22 くびすじ
23 おぎな
24 す
25 そな
26 こと
27 さが
28 そ
29 おさな
30 た
31 まどべ
32 く
33 なら
34 ちぢ ×ちじ
35 お ×ふ
36 の
37 こま
38 いずみ
39 す
40 すなば
41 ほ
42 つと
43 わ
44 あら
45 われ ×が
46 すがた
47 のぞ
48 いた
49 とど
50 はげ ×きび

5 漢字の読み
●10～11ページ

1 かぶ

●**チェックしよう**

▼**訓は日本語読み**

訓読みは日本語の意味を漢字にあてはめた読み方で、同じようなことがらを表すのに同じ漢字を使うため、一つの漢字でも多くの訓読みをもつものがあります。

〔生〕生きる　生える　生水　生まじめ　生まれる　生い立ち

また、訓だけしかない漢字は、**貝・株・届く・畑・皿・箱**などです。

2 せくら（せいくら）
3 ひき
4 こめだわら
5 たっと（とうと）
6 わかば
7 しりぞ
8 なみ
9 おさ
10 ちち
11 むね
12 みだ
13 ま
14 みと
15 うら
16 おさ
17 と
18 す
19 いただき
20 たから
21 あず

22 ひたい
23 へ　×がく　×え
24 と
25 いたで
26 かいこ
27 よ
28 たまご
29 つくえ
30 あたた
31 はら
32 つく
33 わす
34 よ
35 あつで
36 おおすじ
37 かわ
38 きず
39 はりがね
40 し
41 ふしあな
42 わたくしごと（音読みは、しじ）

43 ねび
44 こころざし
45 そ
46 したが
47 こころ
48 い
49 うたが
50 むずか　×むつか

6 漢字の読み

●12～13ページ

1 くだもの
2 へた　×しもて
3 しみず
4 でんじしゃく
5 とうてん
6 ことし
7 はかせ（はくし）
8 けさ
9 へや
10 ついたち
11 たなばた
12 とう
13 きょうだい
14 こ
15 あま
16 ふつか
17 まいご
18 はつか
19 きのう（さくじつ）
20 さかも　×さけも
21 おとな
22 とけい
23 やおや
24 じょうず　×かみて
25 ともだち
26 ゆきがっせん
27 けしき
28 ふたり
29 るす

30 かなぐ　×かねぐ
31 かざかみ　×かぜかみ
32 きょう（こんにち）
33 めがね（がんきょう）
34 うわてな
35 なのか（なぬか）
36 まっさお
37 しら
38 むら
39 ようか（はちにち）
40 かあ
41 さらいねん
42 ねえ
43 あす（あした・みょうにち）
44 てつだ
45 まっか
46 にい
47 かわら　×かわはら
48 ふなで

●チェックしよう

▼熟字訓（じゅくじくん）・特別な読み方

熟字訓とは、一字一字の読みによってではなく、ひとまとまりのことばとして読むものです。

これとは別に、使い方の限られた特別な音訓もあります。

例　兄弟（きょうだい）、雨雲（あまぐも）、雨具（あまぐ）、合戦（かっせん）、磁石（じしゃく）、読点（とうてん）、再来年（さらいねん）、七日（なのか）、上着（うわぎ）、風上（かざかみ）、風車（かざぐるま）、問屋（とんや）、留守（るす）、何本（なんぼん）、酒場（さかば）、船賃（ふなちん）など。

49 ひとりたび
50 あまぐ　×あめぐ

7 漢字の読み

● 14～15ページ

1 ア
2 エ
3 エ
4 イ
5 ウ
6 ウ
7 イ
8 ア
9 イ
10 ア
11 エ（あいボウ）
12 ウ
13 ア
14 ウ
15 ア
16 イ
17 ア

18 ア
19 イ
20 ウ
21 ア
22 ウ
23 エ
24 ア
25 ウ
26 ア
27 ウ
28 ア
29 エ
30 ウ
31 ア
32 ウ（すじがね）
33 エ
34 ア
35 ウ
36 ウ
37 エ
38 ア
39 イ
40 ア

41 ウ
42 イ
43 ア
44 ウ
45 イ
46 ア
47 エ
48 ウ
49 ア
50 ウ
51 ア
52 エ
53 ウ
54 エ
55 ウ
56 エ
57 ア
58 ウ
59 イ
60 エ
61 ウ
62 イ
63 ア

64 ウ
65 ア
66 イ
67 エ
68 ア
69 イ
70 イ
71 イ
72 エ
73 イ
74 ア
75 イ
76 ア
77 エ
78 エ
79 ア
80 エ
81 ア
82 ウ
83 イ
84 ウ
85 ア
86 ウ

87 ア
88 ウ

8 漢字の読み

● 16～17ページ

1 ウ
2 イ
3 エ
4 ウ
5 ア
6 エ
7 イ
8 ア

9 ア
10 ア
11 エ
12 イ
13 ウ
14 ア
15 エ
16 ア
17 ウ（ふしあな）
18 ウ
19 イ
20 ア
21 エ

●チェックしよう

▼音訓読み・訓音読み

熟語の上の漢字を音で読み、下の漢字を訓で読む読み方を「**重箱**（じゅうばこ）**読み**」といいます。「重箱」は食べ物を入れる器（うつわ）のことです。

熟語の上の漢字を訓で読み、下の漢字を音で読む読み方を「**湯桶**（ゆとう）**読み**」といいます。「湯桶」は湯を入れる器で、そば屋で使っています。

22 ウ
23 ウ
24 イ
25 エ
26 ア
27 エ
28 エ
29 ア
30 エ
31 イ
32 ウ
33 ウ
34 ア
35 ア
36 ウ
37 イ
38 ア
39 エ
40 イ
41 ア
42 エ
43 イ
44 ウ

45 ア
46 イ
47 ア
48 ウ
49 イ
50 エ（みせバン）
51 ウ
52 ア
53 エ
54 エ
55 ア
56 ウ
57 イ
58 エ
59 ア
60 ウ
61 ア
62 ウ
63 ア
64 エ
65 イ
66 ア
67 エ

68 イ
69 ウ
70 ア
71 イ
72 エ
73 ア
74 ウ
75 イ
76 エ
77 ア
78 ウ
79 ア
80 ア
81 ウ
82 ア
83 ア
84 エ
85 ア
86 イ
87 ウ
88 ア

9 書き取り ●18～19ページ

1 座席
2 簡潔
3 貯蔵
4 興奮
5 敗因
6 明朗 ×明郎
7 演奏
8 補足
9 秘密
10 批評 ×比評
11 看板
12 指揮
13 呼吸
14 姿勢
15 植樹
16 忠告 ×注告
17 天災
18 処理 ×所理
19 宇宙
20 拝見
21 格言
22 討論
23 収容 ×集容 ×収用
24 歴訪
25 政党
26 方針
27 雑誌 ×雑紙
28 内閣
29 貴重
30 誕生
31 除草
32 温暖
33 垂直 ×水直
34 通訳
35 背泳 ×肺泳
36 保存
37 陛下
38 映像 ×影像
39 蒸発 ×上発
40 深刻
41 展示
42 尊重
43 欲望
44 改革
45 模型 ×模形
46 臓器
47 縦走
48 至急
49 担当
50 観衆 ×観集

10 書き取り ●20～21ページ

1 翌日
2 円熟
3 延期
4 故障 ×故傷
5 就職
6 推進
7 鉱石
8 回覧
9 招待 ×招対・紹待
10 混乱
11 救済 ×救剤

12 災害
13 賛同 ×参同
14 軽視
15 郷土
16 留守
17 乳歯
18 首班
19 皇后
20 快方 ×会方
21 運賃
22 経済
23 慣習
24 操作
25 難関
26 装置
27 対象 ×対照・対称
28 拝見
29 署名
30 著作
31 圧縮
32 優位
33 派生
34 故意
35 砂糖
36 逆行
37 階段
38 要領
39 退団
40 磁石
41 遊覧
42 胃腸
43 容易
44 提供 ×提協
45 専門 ×専問
46 調律
47 鋼鉄
48 除幕 ×序幕
49 穀物
50 権利

●22～23ページ

11 書き取り

1 映 ×写
2 任
3 盛
4 針
5 届
6 従
7 吸
8 疑
9 頂
10 泉
11 並
12 穴
13 訪 ×尋
14 除
15 招
16 幼
17 補
18 暮
19 探
20 裁
21 沿
22 備 ×供
23 垂
24 経
25 染
26 暴
27 閉
28 若菜
29 射
30 済
31 痛
32 背負
33 厳
34 捨
35 我
36 誤
37 机
38 難
39 胸
40 洗
41 異
42 縮
43 減
44 奮
45 危
46 干
47 裏
48 割
49 再
50 刻

●24～25ページ

12 書き取り

1 講習
2 公衆
3 自信
4 磁針
5 強度
6 郷土
7 自国
8 時刻
9 優良
10 有料
11 観衆
12 慣習
13 構想
14 高層
15 会談
16 階段
17 豊作
18 方策
19 司会
20 視界
21 危機
22 機器（器機）
23 志望
24 死亡

●チェックしよう

▼文脈を手がかりに判別する

音の読み方が同じなのに、意味のちがうことばを「**同音異義語**」といいます。漢字には、同じ音のものが多いので、同音異義語がたくさんあります。同音異義語に対しては、その語の前後の文脈を手がかりにして判別することが大事です。漢字の意味をしっかり身につけましょう。

25 四季
26 指揮
27 景観
28 警官
29 住
30 済
31 収
32 納 ×収・修
33 居
34 射
35 勤
36 努
37 共
38 供
39 経
40 減
41 移
42 映 ×写
43 備
44 供
45 音
46 値
47 降
48 下
49 原
50 腹
51 良
52 善

13 書き取り ●26～27ページ

1 事故
2 自己
3 想像
4 創造
5 現金
6 厳禁
7 正答
8 政党
9 機長
10 貴重
11 移動
12 異動
13 補足
14 歩測
15 簡潔
16 完結
17 至急
18 支給
19 金属
20 勤続
21 高価
22 降下
23 観劇
24 感激
25 師事
26 支持
27 聖火
28 青果
29 塩
30 潮
31 約
32 訳
33 有
34 在
35 誤
36 謝
37 暖
38 温
39 修
40 治
41 破
42 敗
43 解
44 説
45 絶
46 建
47 留
48 止
49 折
50 織
51 飼
52 買

14 四字熟語 ●28～29ページ

1 補
2 令
3 割
4 欲
5 棒
6 純
7 機 ×気
8 敵
9 夢
10 朗
11 益
12 疑
13 障
14 欠
15 射
16 論
17 処 ×所
18 憲
19 乱
20 源 ×原
21 宙
22 訪
23 耳
24 美
25 探
26 劇
27 幼
28 段
29 権
30 否

●チェックしよう

▼熟語と関連づけて使い分ける

訓の読み方は同じなのに、表そうとする意味によって漢字を異にするものを「**同訓異字**」といいます。

「**収める**」はとり入れる。（収容）「**納める**」は税金などをはらいこむ。（納税）「**治める**」は政治をする。「**修める**」は学問やわざを身につける。（修業）

31 株
32 専
33 宣
34 策（×作）
35 成
36 遺
37 看
38 臓（×蔵）
39 尊
40 報
41 干
42 聖
43 易
44 延
45 片
46 善
47 優
48 捨
49 装
50 拡
51 脳
52 耕
53 義

54 密
55 層
56 呼
57 就
58 党
59 己
60 誤
61 体
62 吸
63 推
64 革
65 模
66 域
67 混
68 暖
69 磁
70 給
71 刊（×巻）
72 存
73 警
74 除
75 腸
76 奏

77 故（×古）
78 厳
79 視
80 承（×床）
81 揮
82 得
83 値
84 根
85 投
86 退
87 異
88 討
89 頂
90 勤
91 亡
92 衆
93 束（×足）
94 巻
95 蒸
96 沿
97 臨
98 象
99 派
100 署

15 四字熟語

●30～31ページ

1 訳
2 品
3 災
4 転
5 康
6 言
7 火
8 単（×短）
9 競
10 識
11 郷
12 難
13 覚
14 閣
15 除
16 諸
17 生（×傷）
18 温
19 異
20 針
21 降
22 秘
23 誌
24 拝
25 勢（×政）
26 象
27 策
28 械
29 強
30 実
31 郵

32 射
33 欲
34 栄
35 視
36 移
37 創
38 相（×争）
39 応
40 望
41 系
42 陛
43 深
44 担

●チェックしよう

▼四字熟語は成り立ちを理解する

四字熟語は、成り立ちから大きく三つに分けられます。
・仏教用語からきたもの。「諸行無常」「以心伝心」など。
・中国の古典からきたもの。「温故知新」
・日本で古くから慣用的に使われてきたもの。「針小棒大」
以上の成り立ちにより、深い意味や内容がふくまれます。

45 救（×急）
46 支
47 腹
48 裁
49 鳥
50 放
51 右
52 答
53 閉
54 縮
55 至
56 今
57 均
58 造
59 満
60 穀
61 映
62 希
63 賛
64 進
65 参
66 専
67 化（×花）

68 信
69 断
70 飲
71 得
72 起
73 絶
74 精
75 発
76 私
77 勤
78 正（×盛）
79 省
80 百
81 衛
82 団
83 低
84 材
85 以
86 座
87 出
88 海
89 博
90 補

91 危
92 討
93 制
94 終
95 頭（×答）
96 革
97 刻
98 辞
99 骨
100 整

16 対義語

●32〜33ページ

❶
1 亡
2 否
3 縮
4 険
5 簡
6 済
7 私
8 片
9 乱
10 垂
11 宅
12 難
13 吸
14 未

❷
1 痛
2 臨
3 減
4 奮
5 雑
6 秘
7 難
8 無
9 断
10 禁
11 手
12 縮
13 私
14 派

❸
1 ア しゅうごう
イ 解
2 ア かんれい
イ 暖
3 ア せいじょう
イ 異
4 ア じつぶつ
イ 模
5 ア ちゅうしん
イ 周
6 ア たいしょく
イ 就

❹
1 収益
2 保留
3 幹線
4 異義
5 質問
6 権利
7 敵対
8 就任
9 新築
10 水源

17 類義語

●34〜35ページ

❶
1 誠
2 展

●チェックしよう

▼できるだけ多くの熟語を覚える

対義語とは必ずしも反対語ではなく、**類義語**とは必ずしも同義語ではありません。

対義語・類義語について、

。対義語は、分類すると上の字か下の字が同じということが多いようです。

。一つの熟語に対して、類義語は数多くあります。

3 策
4 処
5 容
6 輸
7 背
8 難
9 朗
10 優
11 敬
12 祖
13 段
14 収

❷
1 著
2 宝
3 異
4 刊
5 宅
6 貿
7 留
8 賛
9 願
10 忠

11 素
12 損
13 揮
14 態

❸
1 ア てがみ　イ 簡
2 ア ようい　イ 準
3 ア しけん　イ 査
4 ア みらい　イ 将
5 ア じゅうし　イ 尊
6 ア じょりょく　イ 勢

❹
1 立派
2 勤勉
3 勝負
4 成長
5 任務
6 一律
7 長所
8 給料
9 安易
10 興味

18 対義語・類義語

●36〜37ページ

❶
1 勝
2 困
3 級
4 任
5 祖
6 従
7 達
8 批
9 快
10 域
11 専
12 盟

❷
1 閣
2 移
3 敵
4 君
5 精
6 朗
7 解
8 宣
9 収
10 達
11 宝
12 質

❸
1 模
2 難
3 密
4 著
5 則
6 増
7 独
8 善
9 未
10 細
11 早
12 民

❹
1 逆
2 防
3 輸
4 間
5 縦
6 最
7 布
8 己
9 勤
10 易

19 熟語の組み立て

●38〜39ページ

1 ア
2 エ
3 ウ
4 エ
5 イ
6 ア
7 ウ
8 エ
9 オ
10 イ
11 オ
12 ア
13 ウ
14 ウ
15 ア
16 オ
17 イ
18 エ
19 イ
20 エ
21 ア
22 ウ
23 オ
24 ア
25 エ
26 エ
27 オ
28 ウ
29 イ
30 ウ
31 エ

32 オ
33 ア
34 イ
35 オ
36 ウ
37 ア
38 イ
39 ア
40 エ
41 ウ
42 オ
43 ア
44 イ
45 エ
46 エ
47 オ
48 エ
49 ウ
50 ア
51 オ
52 イ
53 ウ
54 イ
55 エ
56 オ
57 ア
58 エ
59 イ
60 ウ
61 オ
62 ア
63 ウ
64 イ
65 エ
66 イ
67 ア
68 エ

20 熟語を作る

●40〜41ページ

❶
1 カ・ケ
2 ア・サ
3 ウ・コ
4 オ・イ
5 ク・キ

❷
1 ケ・エ
2 キ・ア
3 カ・シ
4 コ・ウ
5 サ・イ

❸
1 ケ・ウ
2 カ・ア
3 シ・オ
4 イ・サ
5 キ・コ

❹
1 キ・オ
2 コ・エ
3 ケ・シ
4 ク・イ
5 サ・ア

❺
1 カ・ケ
2 ア・シ
3 エ・コ
4 サ・イ
5 オ・ク

21 部首

●42〜43ページ

❶
1 亻
2 扌（てへん）
3 糸
4 心（こころ）
5 木（き）
6 月
7 竹（たけかんむり）
8 儿（ひとあし・にんにょう）
9 口（くち）
10 田（た）
11 衣（ころも）
12 目（め）
13 刂
14 月（つき）
15 日（ひ）
16 石
17 彳（ぎょうにんべん）
18 巾（はば）
19 寸（すん）
20 大（だい）
21 土（つち）
22 广
23 言

❷
1 ア
2 イ
3 ア
4 エ
5 ア
6 ア
7 ア
8 イ
9 イ
10 ウ
11 ア
12 ウ

●チェックしよう

▼熟語を訓読みして、結びつきを考える

二字以上の漢字が組み合わされてできたことばを「熟語」または「熟字」といいます。熟語の中でいちばん多いのが二字の熟語です。熟語を使うことで、いいたいことを少ない文字で、簡潔に表現できます。例 日照→日が照る。前進→前に進む。帰国→国に帰る。左右→左と右

13 ア
14 イ
15 ア
16 エ
17 ア
18 ウ
19 イ
20 イ

22 部首

●44～45ページ

❶
1 あ・カ
2 え・エ
3 く・ア
4 か・ケ
5 け・キ

❷
1 こ・エ
2 う・カ
3 け・オ
4 お・キ
5 し・コ
6 き・イ

❸
1 い・カ
2 う・エ
3 か・ア
4 あ・オ
5 え・キ
6 お・イ

❹
1 田（た）
2 戈（ほこづくり・ほこがまえ）
3 亅（はねぼう）
4 㔾（わりふ・ふしづくり）
5 戈（ほこづくり・ほこがまえ）
6 虫（むし）
7 止（とめる）
8 血（ち）
9 衣（ころも）
10 卩（わりふ・ふしづくり）
11 忄（りっしんべん）
12 卩（わりふ・ふしづくり）
13 羊（ひつじ）
14 弓（ゆみ）
15 力（ちから）
16 大（だい）
17 十（じゅう）
18 口（くち）
19 日（ひ）
20 夕（た・ゆうべ）

23 筆順・総画数

●46～47ページ

❶
1 9
2 8
3 7
4 6
5 7
6 3
7 8
8 1
9 4
10 6
11 4
12 3
13 8
14 1
15 5
16 7
17 3
18 8
19 8
20 4
21 6
22 11
23 6
24 4
25 1
26 7
27 12
28 5
29 9
30 12
31 9
32 8
33 6
34 7
35 4
36 7
37 6
38 5
39 9
40 5
41 3
42 6
43 6
44 5
45 7
46 9
47 5
48 13
49 11
50 7
51 1
52 3
53 11
54 9

●チェックしよう

▼意味を表す代表部分が部首

① 〔計・語〕言（ごんべん）はことばに関すること。
② 〔列・利〕刂（りっとう）は刀や切ること。
③ 〔熱・点〕灬（れんが）は火や熱に関係のあること。
④ 〔道・近〕辶（しんにょう）は道や行くこと・進むこと。

部首の中で最も多いのが「へん」です。

55 12

24 筆順・総画数

● 48～49ページ

❶

1 9・14
2 8・10
3 4・12
4 3・12
5 11・13
6 5・16
7 12・16
8 9・15
9 2・9
10 11・12
11 3・7
12 8・12
13 3・10
14 10・19
15 9・15
16 9・10
17 6・8
18 13・15
19 6・8
20 6・9
21 8・15
22 1・14
23 4・8
24 10・11
25 1・18
26 6・11
27 8・13
28 6・11
29 4・11
30 4・11
31 8・11
32 13・16
33 13・18
34 5・6
35 2・8
36 8・11
37 16・18
38 4・6
39 11・15
40 4・9
41 7・11
42 6・13
43 3・15
44 5・12
45 13・14
46 10・12
47 12・17
48 12・14
49 5・7
50 8・11
51 3・7

❷

正解は右の□内。

1 楽（…楽楽）
2 密（…密密）
3 訪（…訪訪）
4 射（…射射）
5 承（…承）
6 快（…快快）
7 恩（…恩恩）
8 状（…状状）
9 訳（…訳訳）
10 犯（…犯犯）
11 報（…報報）
12 飛（…飛飛）
13 銭（…銭銭）
14 遺（…遺遺）
15 演（…演演）
16 雑（…雑雑）
17 妻（…妻妻）
18 乗（…乗乗）
19 略（…略略）
20 逆（…逆逆）
21 衛（…衛衛）
22 興（…興興）

25 漢字と送りがな

● 50～51ページ

1 異なる

2 補う
3 誤り
4 支える
5 従う
6 裁く
7 忘れる
8 納める
9 除く
10 訪ねる
11 拝む
12 暖かい（×温）
13 済ませ
14 探す
15 捨てる
16 供える
17 比べる
18 危ない
19 刻む
20 垂れる
21 延びる
22 染める
23 映る
24 沿って
25 降ろす
26 収める
27 乱れる
28 割れる
29 認める
30 難しい
31 備え
32 届ける
33 保つ
34 至る
35 群がる
36 洗う
37 疑わしい
38 敬う
39 奮い
40 快い
41 困る
42 絶えず
43 頂い
44 縮まる
45 閉じる
46 勤める
47 険しい
48 厳しく

26 漢字と送りがな

●52～53ページ

1 招い
2 任せ
3 修める（×治）
4 久し
5 混ざる
6 暴れる
7 貧しい
8 尊い
9 設ける
10 勢い
11 逆らう
12 営む
13 果てた
14 破れる
15 現れる
16 幼い
17 責める
18 導く
19 構える
20 留める（×止）
21 豊かに
22 務める
23 迷う
24 痛い
25 断る
26 余り
27 易しかった
28 志す
29 慣れる
30 燃やす
31 移り
32 寄せる
33 率いる
34 再び
35 述べる
36 唱える
37 直ちに
38 預け
39 冷ます
40 並べる
41 射る
42 耕し
43 確かめる
44 暮れる
45 盛る
46 防ぐ
47 退ける
48 激しく

実戦模擬テスト（1）

●54～57ページ

（一）
1 そんちょう
2 とど
3 がいろじゅ
4 ぞんぶん
5 さが
6 しんぴ
7 たまご
8 さば
9 ろんぎ
10 かたみち
11 いただ
12 たんじょう
13 し
14 かめい
15 い

●チェックしよう

▼筆順のきまりはこうなっている

①上から下へ
②左から右へ
③横から縦へ
④中心から左右へ
⑤外から内へ
⑥横や縦につらぬく画は最後に
⑦左ばらいから右ばらいへ
⑧横の画より左ばらいのほうが短いときは、それが先
⑨右上の点は最後

例 代

16 えんき
17 たず
18 したが
19 そんぞく
20 うらぎ

(二)
1 お　2 ウ
3 き　4 ケ
5 こ　6 エ
7 い　8 ア
9 く　10 オ

(三)
1 8　2 11
3 7　4 11
5 9　6 12
7 3　8 12
9 5　10 7

(四)
1 洗う
2 激しい
3 除く
4 納める
5 染まる

(五)
1 ウ　2 エ　3 イ　4 ア　5 ウ　6 ア　7 ウ　8 エ　9 ア　10 イ

(六)
1 策　2 株　3 郵　4 革　5 疑　6 宅　7 奏　8 敵　9 処　10 補

(七)
1 暖　2 祖　3 権　4 宅　5 満　6 亡　7 著　8 独　9 善　10 郷

(八)
1 ク・エ
2 イ・コ
3 カ・ウ
4 オ・キ
5 ケ・ア

(九)
1 イ　2 ア　3 ウ　4 オ　5 エ　6 ア　7 エ　8 ウ　9 イ　10 エ

(十)
1 金属　2 勤続　3 移　4 映　5 機長　6 貴重　7 司会　8 視界　9 単身　10 短針

(土)
1 推理　2 垂　3 展示　4 宣伝　5 済　6 敬語　7 奮　8 盛　9 認　10 穀物　11 快　12 参拝　13 郷里　14 並　15 捨　16 背景　17 慣　18 航海　19 賛同　20 出任

● 58～61ページ

実戦模擬テスト(2)

(一)
1 けいご
2 ふる
3 きたく
4 つうきん
5 しゅうにん
6 さんぴ
7 きず
8 おさな

●チェックしよう

▼本則と許容がある送りがな

「漢字かなまじり文」を書くためには、どこまでを漢字で書き、どこからをかなで書くか、という「**送りがな**」の問題が生まれます。

。**本則**＝「送りがなの付け方」の基本法則（例 受け付ける）

。**許容**＝慣用として認められているもの（例 受付ける）

9 みなもと
10 かんだん
11 きび
12 けいし
13 す
14 つうかい
15 むね
16 そ
17 くとうてん
18 ほしゅう
19 いただ
20 しんぴてき

(二)
1 か　2 イ
3 こ　4 カ
5 あ　6 コ
7 き　8 ク
9 え　10 ケ

(三)
1 8　2 16
3 4　4 7
5 1　6 10
7 7　8 11
9 10　10 14

(四)
1 割れる
2 捨てる
3 減らす
4 裁く
5 異なる

(五)
1 ア
2 イ
3 エ
4 ウ
5 ア
6 イ
7 ウ
8 エ
9 ア
10 エ

(六)
1 異
2 私
3 退
4 疑
5 宣
6 論
7 拡
8 層
9 棒
10 骨

(七)
1 派
2 過
3 逆
4 段
5 領
6 服
7 告
8 尊
9 異
10 絶

(八)
1 ウ・キ
2 ケ・イ
3 コ・ア
4 ク・エ
5 カ・オ

(九)
1 ア
2 エ
3 イ
4 ア
5 ウ
6 ウ
7 オ
8 イ
9 エ
10 ア

(十)
1 観劇
2 感激
3 根
4 音
5 政党
6 正答
7 大作
8 対策
9 終始
10 収支

(十一)
1 聖火
2 流域
3 洗
4 干
5 寸断
6 若者
7 住宅
8 裏
9 危険
10 必
11 頭脳
12 誤
13 垂直
14 至
15 穴
16 雑誌
17 閉
18 冷
19 純真
20 鋼鉄

● 62～65ページ

実戦模擬テスト(3)

(一)
1 そうさ
2 たからぶね
3 かぶ
4 がっそう
5 わたし（わたくし）
6 くつう
7 たんけん
8 わけ
9 きりつ
10 こうしゅう
11 あら
12 とうと・たっと
13 ぶんたん
14 はり
15 すいてい
16 すがた
17 しゅくしゃく
18 おさ
19 われ

20 かんちょう
(二)
1 け
2 ウ
3 あ
4 カ
5 く
6 イ
7 え
8 ケ
9 う
10 オ
(三)
1 3
2 10
3 10
4 11
5 1
6 10
7 9
8 15
9 5
10 13
(四)
1 拝む
2 暮れる
3 補う
4 幼い
5 暖かい
(五)
1 イ
2 ア
3 ウ
4 イ
5 ア
6 ウ
7 イ
8 エ
9 ウ
10 ア
(六)
1 耕
2 暮
3 片
4 欲
5 警
6 優
7 障
8 朗
9 善
10 臨
(七)
1 延
2 像
3 秘
4 暴
5 難
6 幕
7 試
8 優
9 値
10 己
(八)
1 イ・ケ
2 ク・エ
3 カ・ウ
4 コ・キ
5 オ・ア
(九)
1 イ
2 オ
3 ア
4 エ
5 ウ
6 エ
7 ア
8 エ
9 イ
10 ウ
(十)
1 現金
2 厳禁
3 支給
4 至急
5 等分
6 糖分
7 住
8 済
9 完結
10 簡潔
(十一)
1 干
2 服装
3 難
4 疑問
5 頂
6 映
7 座席
8 故障
9 清水
10 紅
11 資源
12 捨
13 灰
14 窓辺
15 鉄棒
16 深刻
17 保存
18 泉
19 樹立
20 呼

●66〜69ページ
実戦模擬テスト(4)

(一)
1 はっき
2 まいばん
3 ちいき
4 いた
5 じょうき
6 た
7 りんせき
8 も
9 じゅんしん
10 うやま
11 ぶっかく
12 の
13 あなば
14 こと
15 きりつ
16 かいしゅう
17 い
18 ちょしゃ
19 ほ
20 たず
(二)
1 く
2 オ
3 あ
4 ク
5 え
6 カ
7 か
8 イ
9 う
10 ウ
(三)
1 4
2 8
3 11
4 13
5 7
6 10
7 2
8 7
9 6
10 10

(四)
1 少ない
2 閉じる
3 乱れる
4 痛い
5 勤める

(五)
1 ア
2 イ
3 ウ
4 ア
5 エ
6 ウ
7 ア
8 エ
9 ウ
10 イ

(六)
1 賛
2 晩
3 参
4 移
5 署

6 諸
7 誌
8 裁
9 宙
10 磁

(七)
1 危
2 便
3 乱
4 借
5 可
6 宣
7 朗
8 展
9 策
10 割

(八)
1 キ・エ
2 イ・コ
3 ク・ア
4 ケ・オ
5 ウ・カ

(九)
1 ウ
2 ア
3 エ
4 オ
5 イ
6 ウ
7 エ
8 ウ
9 イ
10 ア

(十)
1 講習
2 公衆
3 志望
4 死亡
5 備
6 供
7 有料
8 優良
9 高価
10 降下

(土)
1 遺産
2 黒潮
3 背
4 温泉
5 批評
6 暮
7 招
8 経
9 縮
10 筋肉
11 専門
12 疑
13 討論
14 忘
15 誕生
16 寄付
17 効
18 簡潔
19 星座
20 説

● 70〜73ページ

実戦模擬テスト(5)

(一)
1 すいしん
2 けわ
3 けいとう
4 こきゅう
5 きび
6 たんにん
7 のぞ
8 かめい
9 す
10 こっせつ
11 うちわけ
12 いひん
13 きゅうさい
14 いたで
15 あやま
16 わりびき
17 たてぶえ
18 しゃ
19 そ
20 こうさん

(二)
1 か
2 オ
3 う
4 カ
5 あ
6 コ
7 こ
8 ア
9 く
10 イ

(三)
1 9
2 15
3 4
4 9
5 5
6 12
7 2
8 14
9 10
10 11

(四)
1 延びる
2 困る
3 縮れる
4 届ける
5 危ない

(五)
1 ウ
2 エ
3 エ

4 イ
5 ウ
6 ア
7 ウ
8 イ
9 ア
10 ウ

(六)
1 揮
2 専
3 承
4 景
5 密
6 刻
7 劇
8 弁
9 厳
10 源

(七)
1 純
2 疑
3 片
4 易

---

5 垂
6 背
7 序
8 段
9 誠
10 備

(八)
1 ク・イ
2 エ・キ
3 コ・カ
4 ウ・ケ
5 オ・ア

(九)
1 イ
2 オ
3 ウ
4 ア
5 イ
6 ア
7 エ
8 ウ
9 イ
10 エ

(十)
1 自己
2 事故
3 想像
4 創造
5 強度
6 郷土
7 塩
8 潮
9 四季
10 指揮

(土)
1 射
2 演奏
3 勤務
4 回覧
5 砂
6 模型
7 貯蔵
8 反映
9 計
10 優勝
11 沿
12 処置
13 看病
14 降
15 糖分
16 傷
17 姿勢
18 筋
19 宇宙
20 誤

●チェックしよう

▼習っていない字が読める

漢字の多くは**意味**（**部首**）と**音**の組み合わせでできています。発音を示す部分をみつけて、「○があるから△」と読むことができます。例えば、中学で習う漢字の「腰」は「要」があるからヨウ、「霜」は「相」があるからソウと読めます。